給料の上げ方

日本人みんなで豊かになる

デービッド・アトキンソン

東洋経済新報社

はじめに　新しい時代をつくって日本人みんなの給料を上げる

日本人の給料は、この30年間ほとんど上がっていません。

一方、同じ時期に、税金と社会保障費の負担が増えたため、**手取り収入は大きく下がりました。**

第二次安倍政権以降、岸田総理も含めて、歴代総理大臣は企業の経営者に「賃上げ」を訴えてきました。しかし、残念ながらその効果は微々たるものに留まっています。

一方、**他の先進国では給料がコンスタントに上昇し続けています。**

なぜ、日本と海外の国々ではこんなに違ってしまったのでしょうか。

答えは**「海外では個人が給料を上げる主役になっているから」**、この一言に尽きます。

給料を交渉する時代

先進国では**7割以上の労働者が、自分の給料を上げてもらうよう、毎年経営者と交渉しています。**

一方、日本人労働者を対象としたある調査では、**7割以上の人が「賃上げを求めたことはない」と回答しています**（図表0-1）。逆に言うと、自ら賃上げを求めたことのある人は日本では3割にも満たないのです。

いつのころに生まれたのかはっきりとはわかりませんが、日本にはお金にガツガツしたり、口に出すことを「はしたない」ととらえる風潮があります。そのため、「自分の給料を上げてくれ」と交渉するのが苦手だったり、慣れていないのも理解しています。また、日本人特有の奥ゆかしさも、給料交渉をためらわせる要素になっているのかもしれません。

しかし、**給料交渉をすることは、どこの先進国でもごく普通に行われているグローバルスタンダードな行為**です。「恥ずかしいこと」でも「遠慮するべきもの」でもありません。

このことは、これからの日本で生きていくうえできわめて重要なことですので、ぜひ肝

図表0-1　「給料アップを求めない」のは日本人の特徴

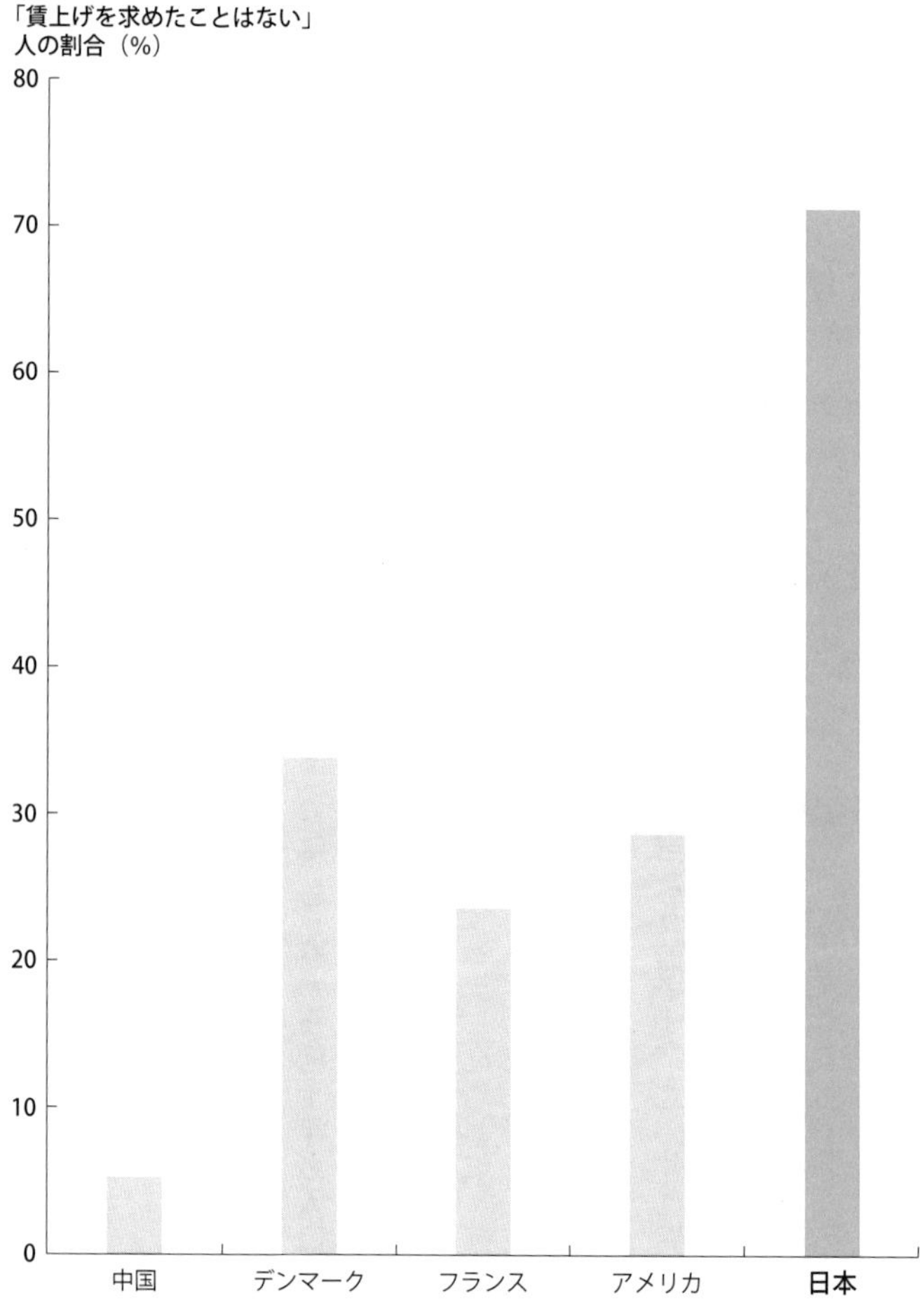

出所：リクルートワークス研究所「5カ国リレーション調査」（2020年）より筆者作成

に銘じておいてほしいと思います。

30年間も給料が上がっていないという厳然たる事実が存在する以上、**日本人も海外同様に、積極的に給料交渉しないといけない**のです。

私が日本のみなさんに、いままで培われてきた風潮に逆らってでもマインドセットを変えることを提案しているのには、理由があります。それは、**これから何十年も人口が減少し続ける日本では、経営者と交渉せずに給料が上がることはまったく期待できないから**です。

後ほど本編の中でデータも紹介しますが、30年間も給料が上がっていない国なんて、先進国の中では日本以外に存在しません。まともな経済状態にあれば、**給料の水準が上がるのは当たり前**です。この件に異論をはさむ人はおそらくいないでしょう。

逆に言うと、**日本では異常事態が30年間にわたって続いている**のです。

このように異常な状態が30年間も続いている日本では、労働者であるみなさんが何もしなければ、経営者が自発的に給料を上げてくれることも、政府が繰り出す何かの政策が大当たりし、給料が自然に上がることも期待できません。

あなたは、**あなたご自身で自分の給料を上げてもらえるよう交渉しなくてはいけないの**です。そうしなければ、給料は上がらないのです。

給料を上げてくれないなら、すぐに転職をする時代

「給料交渉」という言葉を聞くと、労働組合が中心となったデモやストライキなどの団体交渉を思い浮かべる人も少なくないと思います。ですが私がおすすめしたいのは、そういうことではありません。

やるべきなのは、あくまでも**平和裏に、経営者に給料に関するあなたの希望を伝えること**です。そして、その希望を実現するためには、あなたの仕事をどう変える必要があるのか、会社の戦略をどう変えるべきかを話し合うのです。さらには、経営者へあなたの仕事に対する希望も伝えます。

このように経営者と密なコミュニケーションをとれば、**経営者が将来に向けてどのような経営戦略を考えているのか**が明らかになります。

それを聞いて、**いまの会社でも成長が期待できると判断できれば、続けて働くのが得策**ということになります。

逆に**「この会社では成長も期待できなければ、自分の希望もかなえてもらえない」と判断せざるをえない場合は、何の躊躇もなく転職するべき**です。

本書では、この判断をどのように下すべきか、詳細をお伝えしたいと思います。

ニュースを見ると、経営者側からは「解雇規制を緩和するべき」という声が聞こえてきます。学者も「労働市場の流動性を高めるべき」「流動性が高くなると給料は上がる」と主張します。

しかし、**この日本的な見方は間違っています**。

たしかに海外では、日本より労働市場の流動性が高いのは事実です。ですがそれは、解雇規制が緩和されているからではありません。

海外の流動性が高く、給料が高い理由は、**日本とは異なり、海外では労働者がすぐに会社を見限って転職するから**、ただそれだけです。

実際、国際比較をすると、平均勤続年数が長い国ほど給料水準が低い傾向が見られます。そして解雇が多いと言われるアメリカですら、自主的に会社を辞める人の数は解雇される人の2倍以上です。２０２１年には、自主的に会社を辞めた人の数が４８００万人を超えたという驚くべきデータもあります。

労働者が経営戦略をより厳しく評価する時代

日本人の労働者は今日まで、**一方的に「経営者から評価される」立場**でした。

しかし、日本ではこれから何十年にもわたって人口が減り続けます。とくに経済を支える生産年齢人口は他の年齢層を大きく上回る急激なペースで減少します。

働く人が急激に減るのは確実なので、**働く人はますます貴重な存在になります**。その変化によって、これまでとは逆に**「あなたが経営者を評価して選ぶべき時代」が幕を開けた**のです。

日本人はいままで経営者に一方的に評価を下され、その対価として給料が決められ、なすすべもなく命令に従わざるをえませんでした。そんなみなさんに、勇気を振り絞って立ち上がり、給料交渉を行うようにすすめるのには確固たる理由があります。

本編でもくわしく説明しますが、簡単に言えば、**2060年まで高齢者がほとんど減らない一方で、税金を納める働き手が大きく減ってしまうから**です。

あなたの給料がこれまでのように横ばいのまま推移すると、**税金が増えて、手取り収入が減ってしまい、確実にいま以上に貧しくなってしまう**のです。

これは人口減少と高齢化が同時に進む日本の、避けることのできない厳しい現実です。

長年給料が上がらなかったので、すでに生活が大変だと思っている人も少なくないでしょう。将来に対する不安を払拭できない人もたくさんいると思います。

しかし、**いまこのタイミングでみなさんが立ち上がらなければ、事態が悪化の一途をたどることは避けられない**のです。

実質賃金が「毎年4・2%」上がる時代

みなさんが給料アップのために立ち上がらなくては、大変な事態が訪れることになるのは、ある程度ご理解いただけたと思います。

そもそも、よほど経済的に余裕のある人を除けば、自分がもらう給料は多いに越したことはないと考えるでしょう。

もちろん、お金があれば何でもできるわけではなく、それだけで幸せになれるわけでもないのは承知しています。しかし、お金がなければ物質的にも精神的にも余裕がなくなり、充実した人生を送るのが難しくなってしまうのも事実です。そのため、**より多くの給料をもらいたいと考えるのは当然ですし、非難されることではありません。**

しかし、やみくもに高い給料を求めても、簡単に上げてはもらえないのは、みなさんすでにご存じのとおりです。また、あまりに急激な賃上げは、場合によっては国の経済や企業経営、はたまた個人の生活に悪影響を及ぼす危険性も秘めています。

そもそも、**大きく開いてしまった日本と海外の給料の差は、毎年1％弱の賃金上昇率の違いから生まれた**ものです。要は、世の中の多くの事柄と同様に、給料もほどほどに上がるのがいちばんよいのです。

では、その「ほどほど」とはどのくらいなのでしょうか。

この件も本編でくわしく説明しますが、賃上げの目標はインフレ率が0％の場合、**「毎年**

4・2%」です。その内訳は、**定期昇給2・8%と、ベースアップの1・4%**です。

もし経済がインフレになって物価が上がったら、この4・2%目標にインフレ率を足した賃上げが、「毎年」繰り返されるのが理想です。

この理想的な賃上げがなされているかをチェックするためにみなさんが**もっとも注目するべきデータは、大卒男性の初任給**です。これが1・4%+インフレ率で着実に上がっていけば、日本経済は確実によくなります。

現在の初任給が21万円だとすると、毎年1・4%ずつ上がっていけば、2060年の男子大卒の初任給は35万円になります。これが理想です（この計算ではインフレ率は考慮していません）。

まじめに働けば幸せになれる時代

そもそも、**まじめに働いていれば幸せになれるのは、当たり前であるべき**です。働いた分にふさわしい給料をもらえるのが、まともな国というものです。

日本人の労働者は勤勉でまじめに働くと、世界的にも高く評価されています。そんな日本のみなさんなら、日本を**「働いただけ報われる国」という正常な状態に変えていくことは、十分に可能**です。

本書のタイトルは『給料の上げ方』です。しかし、**あなただけが抜け駆けをして給料を上げる方法をお伝えする本では断じてありません。**

あなた自身の給料を上げることが、直接的に日本人全体の給料アップにつながります。

ですので、なるべく多くのみなさんにご賛同いただきたいと思っています。**給料交渉を行う人が多くなるほど、経営者のプレッシャーとなって、賃上げが現実になるから**です。

本書では、そのための戦略と戦術をお伝えしていきたいと思います。

給料の上げ方——日本人みんなで豊かになる　目次

第2章

未来

日本人は世界の貧困層になる

第3章 目的

毎年4・2%の賃上げを実現する

第4章 手段

見限るべき社長、ついていくべき社長

第5章
心得

「よいものをより安く」では給料は上がらない

第6章

戦略

イノベーションが起きる会社を選ぶ

第7章 戦術

「4つの基準」で働く会社を評価する

第8章
補論

俗流評論家に騙されるな

第1章

背景

なぜ日本人の給料は低迷しているのか

ここ最近、**「日本人の給料が上がっていない」「どこそこの国より給料が低い」**という報道を目にする機会が多くなりました。

「日本は世界に冠たる経済大国」だと信じてやまない人にとっては、これらの報道はたいへんな衝撃だったかもしれません。しかし、残念ながらこの報道は事実です。

韓国人より貧乏、それが日本人の偽りのない現実

まず、世界的に見て、日本の給料水準はどのくらいの位置にあるのか確認しておきましょう。

図表1-1をご覧ください。これはOECD（経済協力開発機構）が発表した、2021年の加盟各国の平均賃金を高い順に並べたものです。

日本の順位は**OECD加盟国38カ国の中の24位**です（これは「購買力調整」をした後の順位です。購買力調整とは、各国の物価水準が同じだと仮定して、給料水準を比較する手法です）。

図表1-1　日本の給料は世界24位

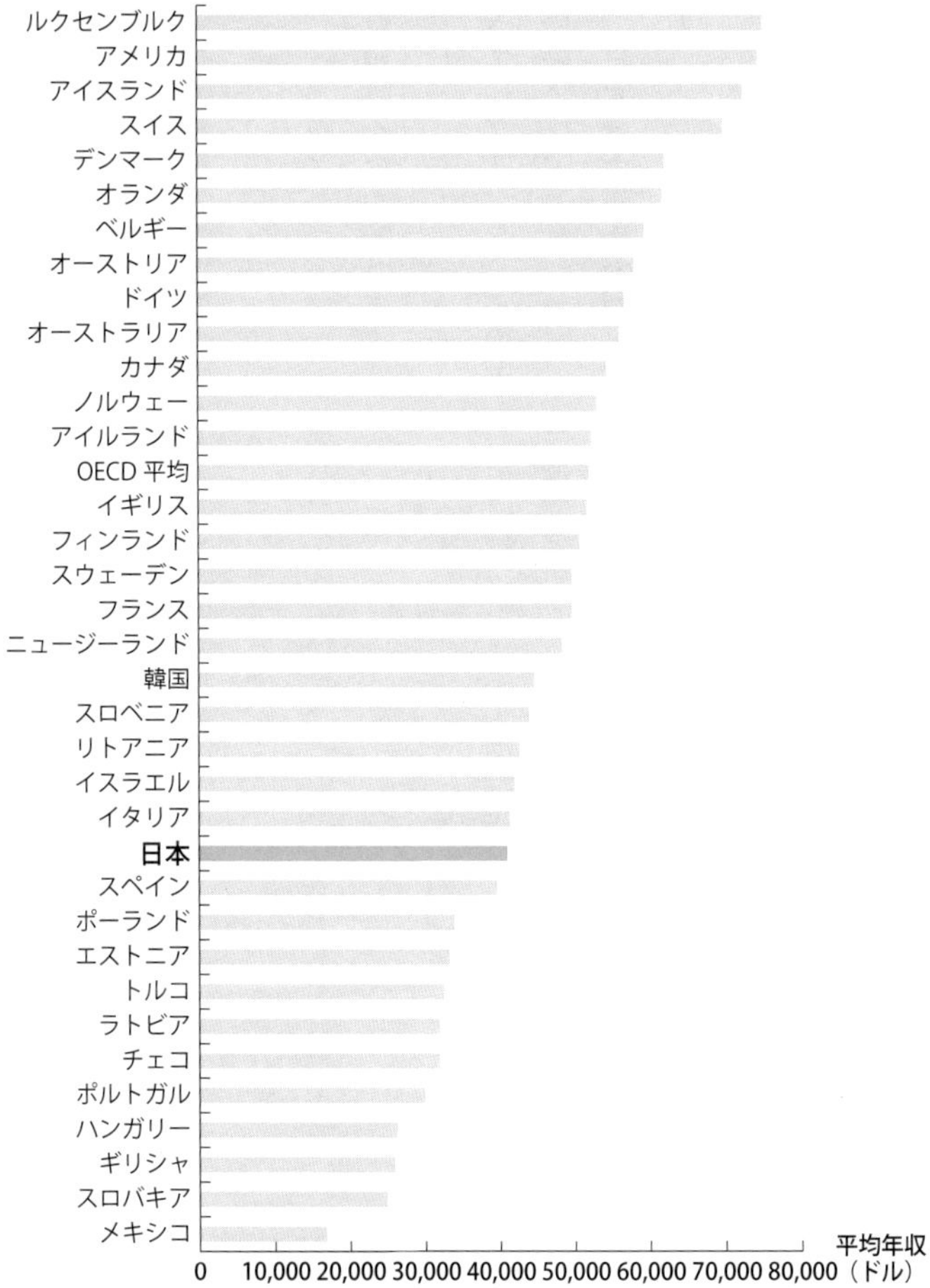

注：購買力調整済み。チリ、コロンビア、コスタリカを除く
出所：OECDの2021年データより筆者作成

主要先進国の中では、日本より平均賃金が低いのはスペインだけになってしまいました。他の先進国はいずれも、日本より高賃金です。たとえば、主要先進国トップのアメリカの平均賃金は日本の1・82倍、ドイツは日本より労働時間がかなり短いのにもかかわらず、1・38倍です。そもそも、OECD加盟国の平均賃金は日本の1・28倍です。イタリア、ニュージーランド、イスラエルなどは言うにおよばず、スロベニアやリトアニアも、すでに日本より給料水準が高くなっています。

さらにポーランド、エストニア、ラトビア、チェコなどの国も、日本の給料水準に近づいてきています。これらの国も、近い将来、日本を追い抜くことが予想されています。

現段階では、これらの国々を「先進国」と認識している人はあまり多くありません。しかし、**日本は主要先進国のグループから転落した**のみならず、これらの国々に給料水準で抜かれるという、悲しい未来に突き進んでいるのです。

給料水準に関して、多くの日本人にとってとくに衝撃だったのは、**「韓国に抜かれてしまった」**というニュースだったのではないでしょうか。

ずいぶんと昔の話なので覚えていない人も多いかもしれませんが、いまから10~20年前、日本の給料水準が韓国に抜かれるという話をまともに信じる人など、この世には1人もいなかったと思います。

しかし、そのまさかの出来事が現実になってしまったのです。いま、**韓国人の平均賃金は日本人の1・07倍**です（図表1-2）。平たく言うと、国民全体をならしてみると、**日本人は韓国人よりも貧乏になってしまった**のです。

このように、日本の平均賃金が、かつてはけっして追い抜かれることはないと考えられてきた国々の後塵を拝するようになってしまったのには、明白な理由があります。

図表1-3をご覧ください。これは、各国の平均賃金がどのように推移してきたかを表しています。

ご覧いただくと一目瞭然かと思いますが、**日本の平均賃金は1990年代からほとんど上がっていません**。一方で、日本以外の各国の平均賃金は大きく上がりました。

その結果が、給料水準ランキングにおける日本の順位の著しい下落なのです。

図表 1-2　日本人の給料は韓国人に抜かれた

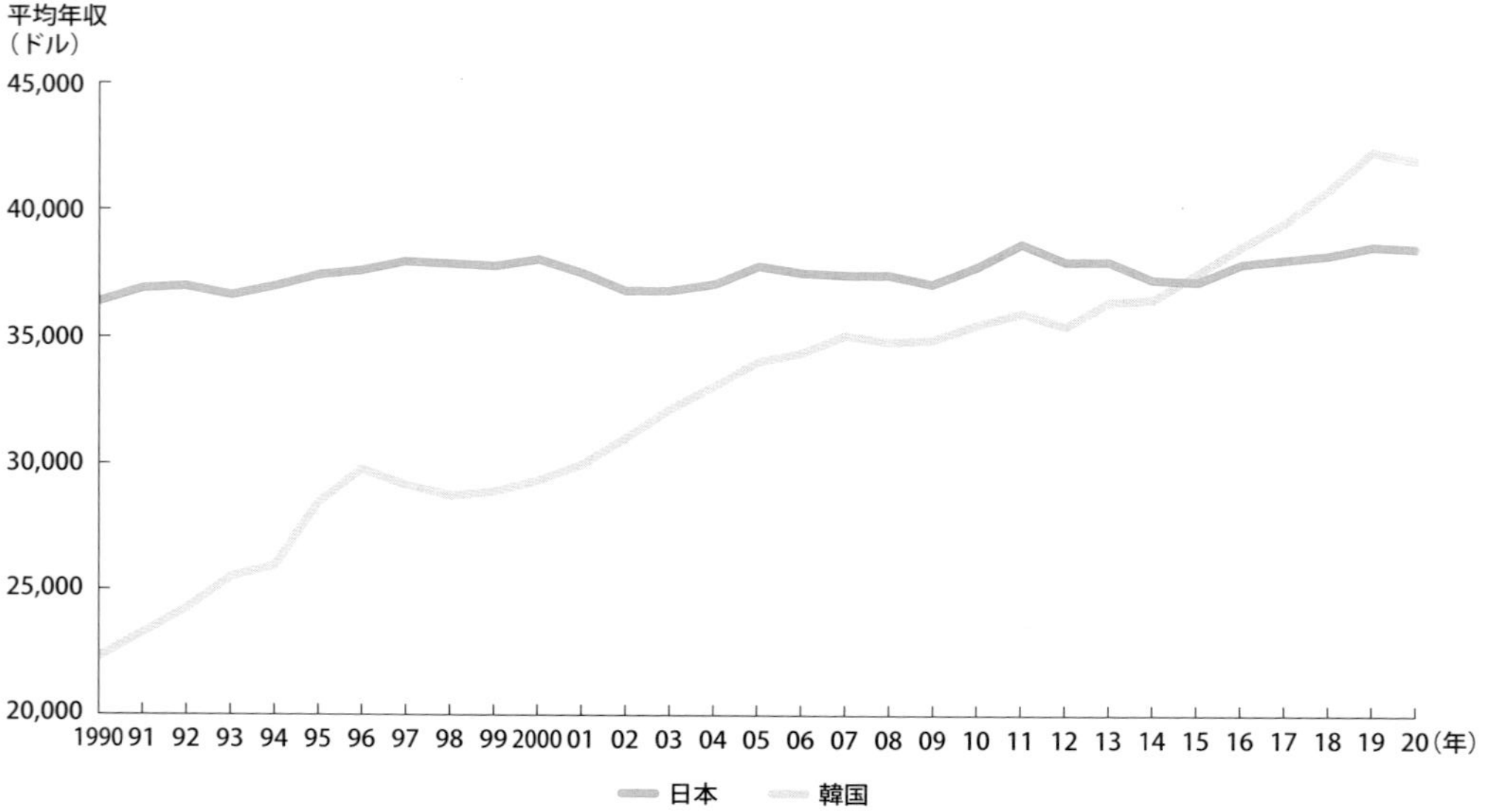

注：購買力調整済み
出所：OECD データより筆者作成

図表 1-3　日本の給料は 30 年も上がっていない

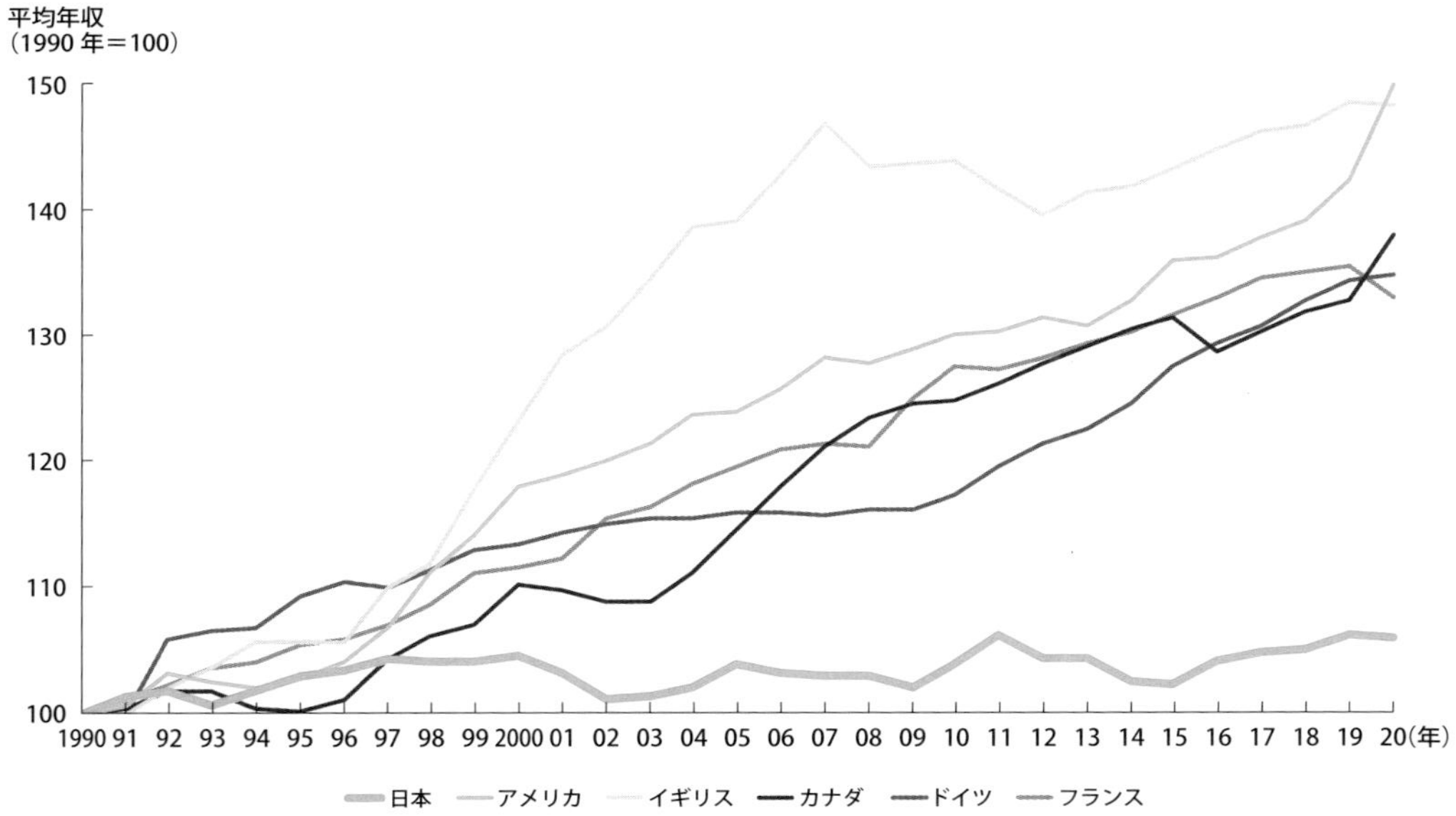

出所：OECD データより筆者作成

給料が上がらないのは「日本人の能力」のせいではない

先ほども紹介したとおり、日本の給料水準と諸外国の給料水準との間には、大きな乖離が生じてしまっています。しかし実は、**毎年の上昇率には、さほど大きい差があったわけではありません**。

どの統計でも同じことが言えますが、数%の違いであっても、それが毎年のように積み重なれば、30年も経ったころには取り返しのつかないほど大きな差になります。

大きな差が短期間に集中して生じるのであれば、多くの人がそのことに気がつき、危機感を覚えるので、手遅れになる前に対処できます。しかし、小さな差が長期間にわたって生じる場合、そのことに気がつかないまま放置してしまい、**気づいたときには手の施しようのないほどの差になってしまう**のです。

これは多くの人が見逃しがちな盲点なのですが、たいへん重要で、かつ危険なポイントです。

たとえば1990年以降、ドイツの給料は毎年1・1％しか上がっていませんでした。一方、日本の上昇率は0・2％でした。その差はわずか0・9％ポイントです。

しかし、ドイツの給料は毎年着実に1・1％ずつ上昇し続けた結果、日本に大きく差をつけました。実際、1991年のドイツの給料は日本の1・1倍でしたが、現在では1・38倍に開いています。

韓国は毎年、平均して2・1％の実質賃金の上昇を繰り返してきました。その結果、1990年には日本のわずか61％だった韓国の給料水準が、いまでは107％にもなったのです。

このように**他の国に賃金上昇率で大きな差をつけられてしまった原因を、日本人労働者の能力に求める人がいますが、それは間違い**です。

仮に、日本人労働者の能力の問題で賃金上昇率が低迷しているという説明が可能だとすれば、1990年代に入ってから突然、諸外国の労働者の能力だけが劇的に上がって、日本人は何もよくなっていないという話になってしまいます。もちろん、そんな事実はありません。

少し専門的な話になりますが、実は日本の賃金上昇率は、これらのデータほど悪くはありません。日本の平均賃金が低迷しているのには、**2つの統計上のマジック**の影響もあるのです。そして、その2つは互いにリンクしています。

とくに第二次安倍政権以降、日本では生産年齢人口が減少しているにもかかわらず、**就業者の数は大きく上昇**しました。

増えた就業者の属性を見ると、その内訳は主に女性と高齢者と学生だったことがわかります。

総務省のデータによりますと、2011年から2018年までの間に、就業者は431万人も増加していますが、そのうち65歳以上が321万人で、15～24歳が99万人でした（図表1-4）。これらの層は一般的に低賃金であることが多いため、**これらの層の雇用者が増えると、全体の平均賃金は押し下げられます**。

また、日本では女性活躍の推進が長年の課題として議論されており、女性の労働参加率は上がりました。しかし、大企業、中小企業のいずれでも、**女性の給料が異常とも言えるほど低い水準に抑え込まれてしまっています**（図表1-5）。そのため、日本では女性の労働参加率が上がるにつれて、全体の平均賃金が下がってしまったのです。

図表 1-4　女性・高齢者の就業参加が給料の上昇を抑制した

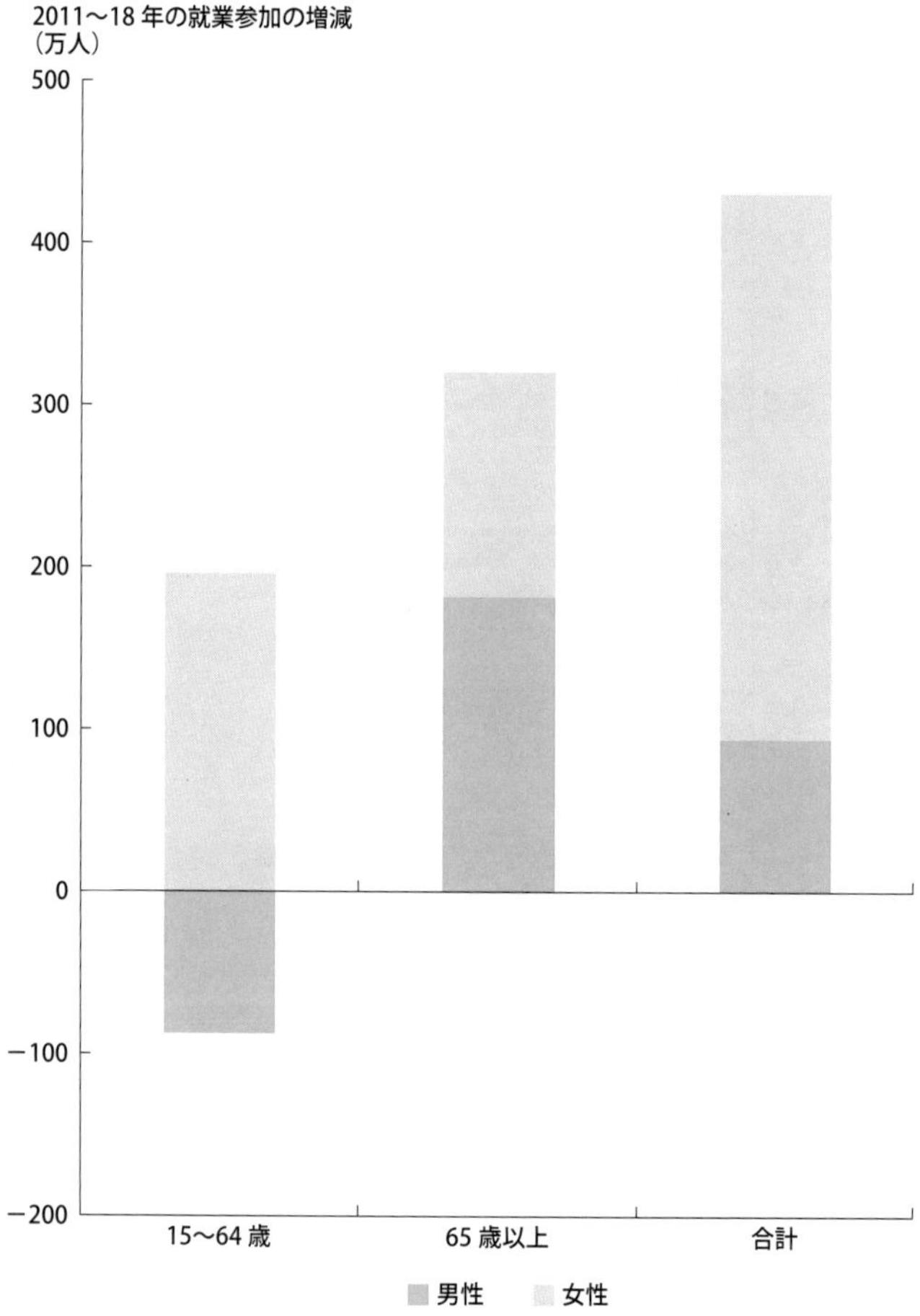

出所：総務省統計局「労働力調査（基本集計）平成 30 年（2018 年）平均（速報）結果の要約」より筆者作成

図表 1-5　あらゆる規模の企業で女性の給料が抑えられている

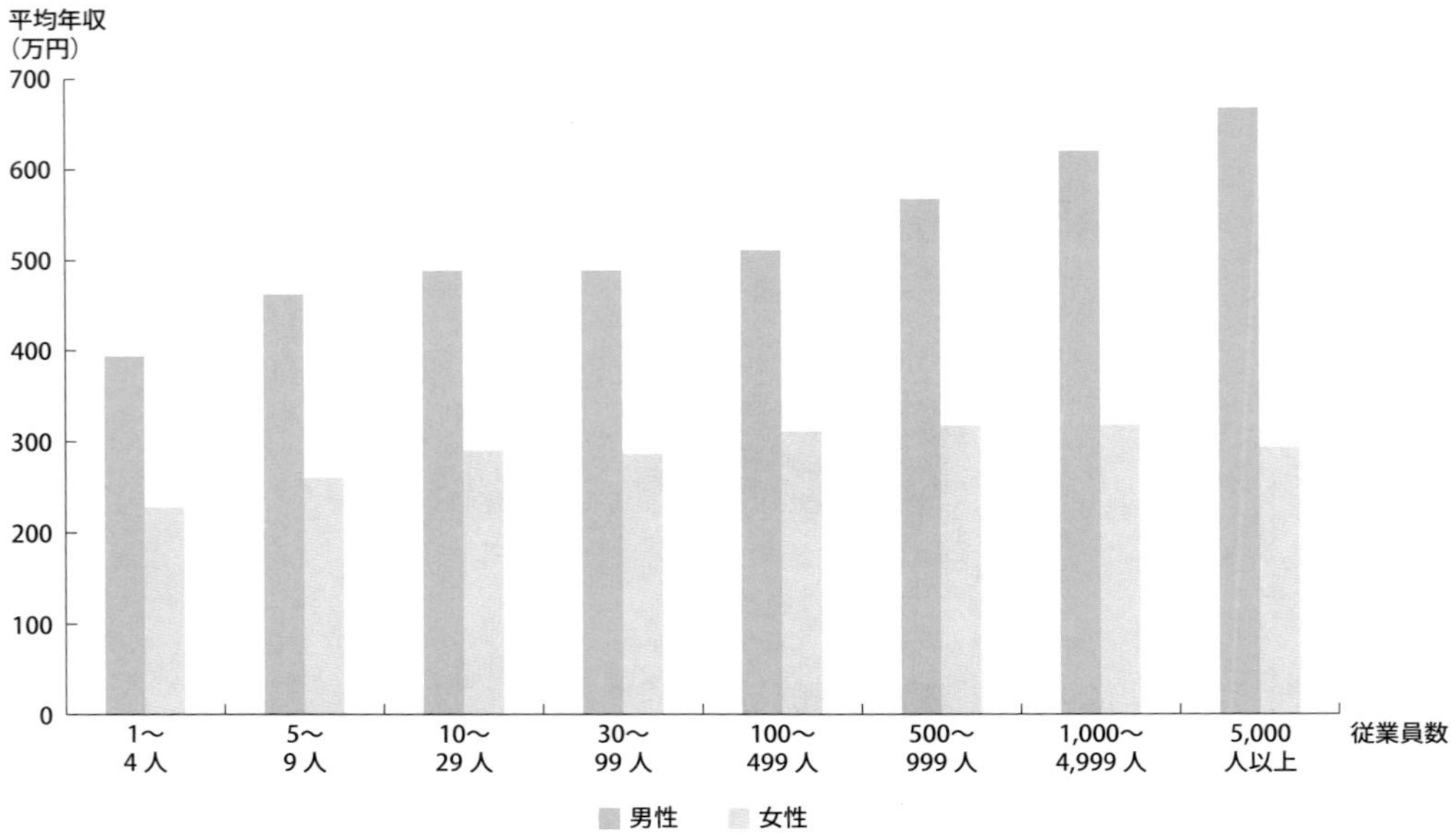

出所：国税庁「民間給与実態統計調査」（令和２年分）より筆者作成

ちなみに、**日本以外の先進国では、女性の労働参加率が上がるのと同時に、男女間の給料格差も縮小しています**。これも、全体の平均賃金が日本を上回ることになった1つの要因です。アメリカでは、2021年の女性の給料の中央値は男性の83・1%でしたが、日本では55・4%しかありませんでした。

この異常とも言えるほど低い女性の給料水準が、第二次安倍政権以降に顕著になった「日本の平均賃金が上がらない問題」の理由の1つであることは、数字の上でも明らかです。

しかしもちろん、これだけがすべての要因というわけではなく、さまざまある要因の一部にしかすぎません。**もっと根本的な問題が潜んでいる**ので、順を追って説明していきます。

日本人の給料が上がらない根本理由

では、なぜ日本では給料が上がらないのでしょうか。この問題に対する答えとして、マスコミでは新自由主義、グローバリズム、株主資本主義の影響など、さまざまな俗説がまことしやかに語られています。

しかしながら、これらの俗説には的を射ているものはほとんど存在しません。ですので、これらの俗説に惑わされることなく、冷静に真実を直視する姿勢が重要です。

給料は2つの要因で決定されます。1つは**付加価値**で、もう1つは**労働分配率**です。

付加価値とは、材料を仕入れて、ものをつくり、それを売ったときに生じる差額を指します。

非常に単純化した例で説明しましょう。お茶をたてるときに使う茶筅《ちゃせん》をつくるには、材料となる竹が必要です。たとえば、１００円で仕入れた竹で茶筅をつくり、それが２０００円で売れれば、２０００円－１００円＝１９００円の付加価値が創出されたことになります。

付加価値のうち、どのくらいを給料として支払ったかの割合を「労働分配率」と言います。先ほどの例で言うと、１９００円の中から人件費として１０００円支払った場合、労働分配率は１０００／１９００＝52・6%です。

このことが理解できれば、なぜ日本人の給料水準が低いのか、そしてなぜここ何十年も上がっていないのか、その原因を分析するためのポイントが見えてきます。

それが、労働者1人ひとりが創出している付加価値と、その付加価値がどのように変化しているか、その2点です。

1人ひとりの労働者が創出する付加価値を労働生産性と言います。これも国際比較をする場合には、給料水準と同様に購買力調整後の数値で確認します。

図表1-6は、2021年の労働生産性のランキングです。日本の労働生産性の順位は世界36位で、ギリシャより下です。日本の労働生産性はOECD平均のわずか79・7%と、きわめて低水準なのです。

一方、日本の2019年の労働分配率は56・1%でした。図表1-7に国際比較を示しました。

これを見ると、日本の順位は多少低いですが、他の先進国との給料の大きな格差を説明するのに十分な差ではありません。

となると、**労働生産性が低いことが、日本の給料が相対的に低くなっている主因である**ことがわかります。

図表 1-6　日本の労働生産性は世界 36 位

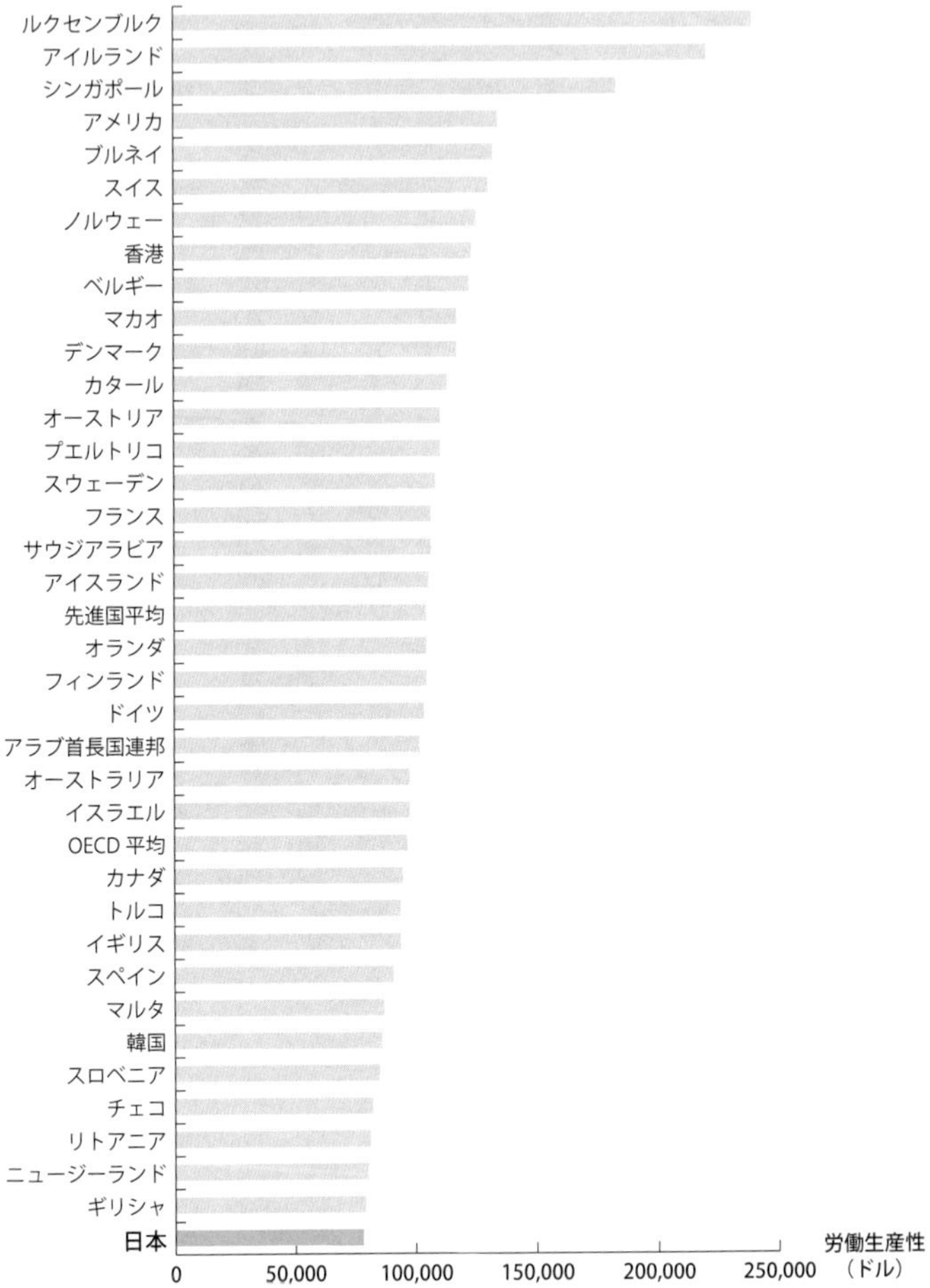

出所：世界銀行の 2021 年データより筆者作成

図表1-7　日本の労働分配率は高くも低くもない

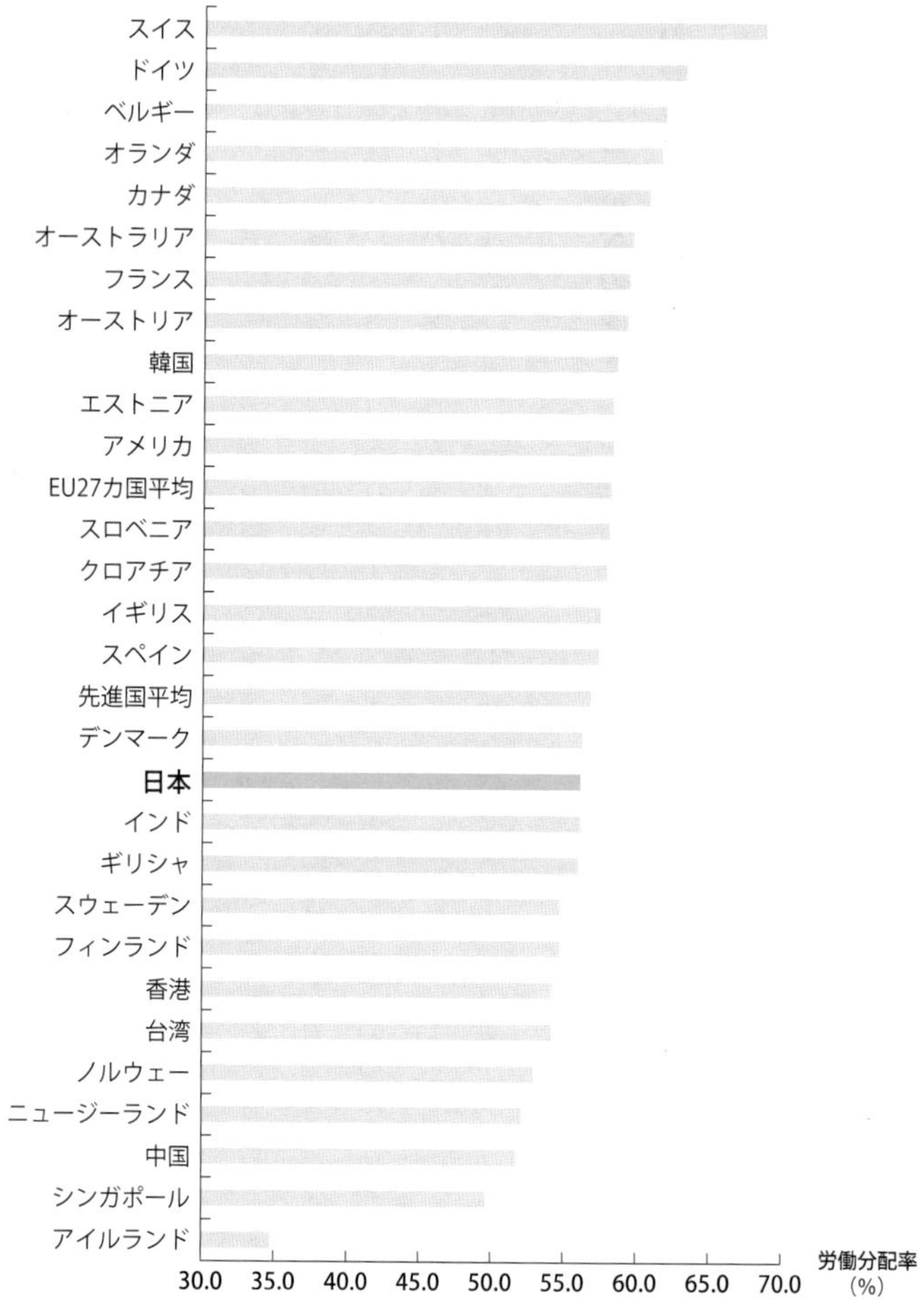

出所：国際労働機関の2019年データより筆者作成

先ほども紹介したように、「日本人は韓国人よりも貧乏になってしまった」というニュースは、かなり衝撃的なニュースとして受け止められました。いま一度、データで確認しておくと、韓国の労働生産性は30位で、36位の日本の1・1倍です。

次に、1990年以降の推移を確認しましょう。図表1-8をご覧ください。

アメリカとの比較では、日本の停滞度合いがさらに一目瞭然となります。1990年を100とした場合、アメリカは2021年には160まで上がっているのに対して、日本は117にしか上がっていません。

労働生産性が伸びているのはアメリカにかぎった話ではなく、日本が例外的に停滞しているだけです。

つまり、**日本以外の多くの国で給料水準が上昇している理由は、1人あたりの付加価値、すなわち労働生産性が上がっていることにつきる**のです。

逆の言い方をすると、**日本は労働生産性がちっとも上がっていないので、給料水準が停滞し、収入も一向に増えない**のです。そして、これこそが日本人が韓国人よりも貧乏になってしまった理由です。

これ以上の説明はいっさい必要ありません。

図表1-8　労働生産性の差は広がる一方

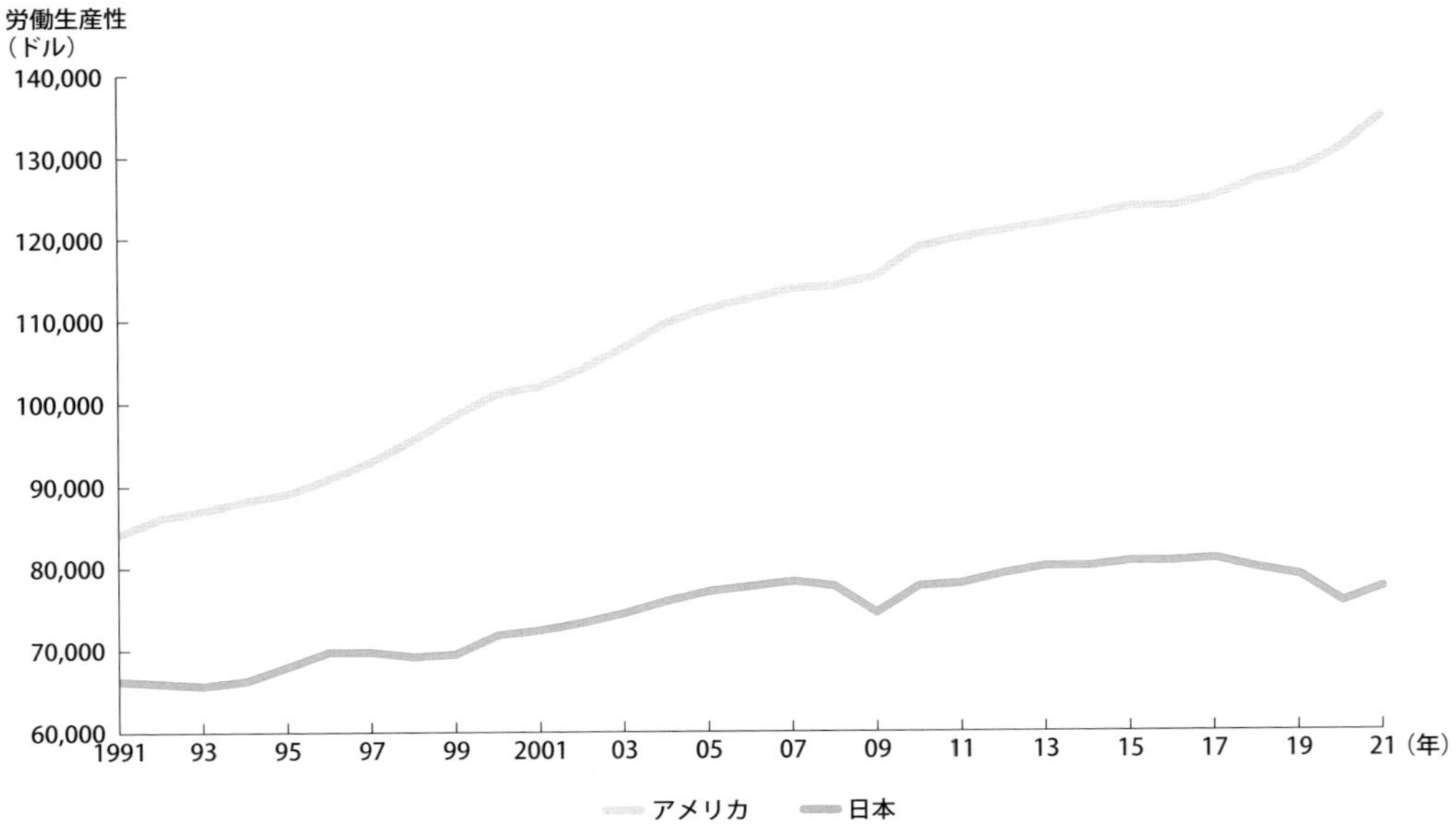

出所：世界銀行の 2021 年データより筆者作成

後ほど説明しますが、付加価値を向上させ、労働生産性を上げるにはイノベーションが不可欠です。言葉を変えると、**あなたの給料を上げるには、基本的に毎年少しずつイノベーションを起こすしか方法はない**のです。

日本は「経済大国」であり「貧しい国」でもある

さて次章に移る前に、1つ押さえておきたいポイントがあります。

時折、「日本は世界3位の経済大国だから、生産性が低いはずはないだろう」という声を聞くことがあります。

しかし、**経済大国か否かということと、生産性が高いか低いかには、直接的な関係はありません。**

なぜならば、経済大国か否かは、あくまでもその国の経済規模（GDP総額）の大小で決まるからです。

日本のＧＤＰ総額はアメリカ、中国に次ぐ世界3位です。総額の順位だけで見るとたしかに経済大国です。しかし、**日本が経済大国なのは、人口が多いことに大きく依存しています。**

国の経済規模（ＧＤＰ総額）というのは付加価値の総和なので、人口、労働参加率、労働生産性のかけ算で算出できます（ＧＤＰ＝労働生産性×労働参加率×人口）。

たとえば、人口が1億人の国の場合、労働生産性が１０００万円で労働参加率が50％ならば、1人あたりのＧＤＰは１０００万円×50％＝５００万円で、ＧＤＰ総額は５００万円×1億人＝５００兆円です。

一方、人口５０００万人の国の場合、労働生産性が１０００万円で労働参加率が50％であれば、ＧＤＰ総額は１０００万円×50％×５０００万人＝２５０兆円です。

つまり、**人口が多ければ労働生産性が低くても経済大国になりうる**のです。

中国がその典型例です。経済大国だからといって、1人ひとりの労働生産性が高く、国民が豊かということには、かならずしもならないのです。

図表1-9に示したとおり、**日本の1人あたりＧＤＰは世界35位で、先進国の中では最**

図表 1-9　日本の 1 人あたり GDP は世界 35 位

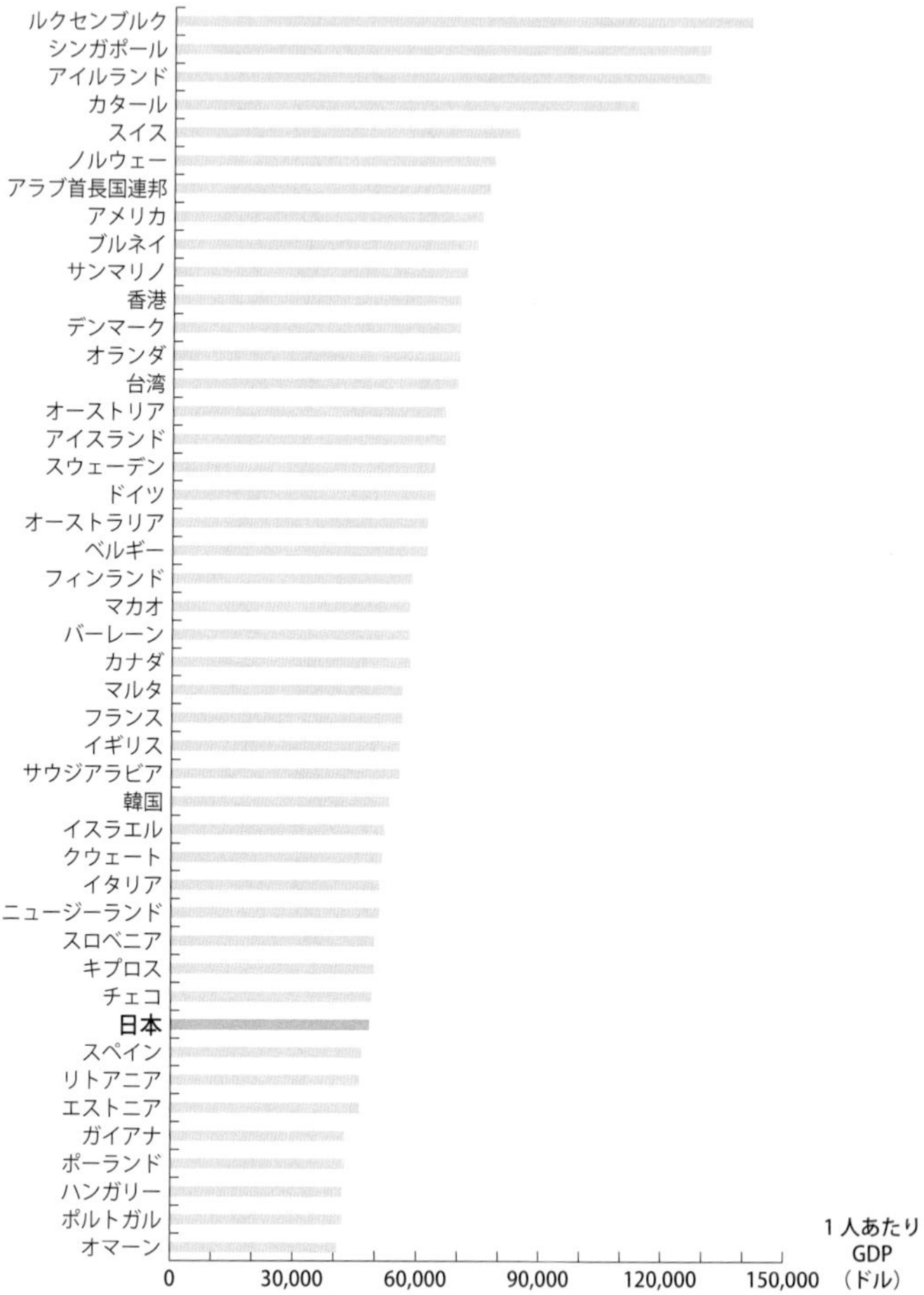

注：購買力調整済み。順位は香港とマカオを除く
出所：IMF の 2022 年予想データより筆者作成

下位水準です。日本と同じグループにいるのは、その多くがつい最近まで先進国とはみなされていなかった国ばかりです。つまり、日本の国民1人ひとりはけっして豊かではないのです。

労働生産性がさほど高くない日本が経済大国になっているのは、先進国の中で人口が2位だからです。理由はそれだけです。世界のデータでは、人口とGDP総額の相関係数は0・79です。

このように、経済の規模と人口との間に相関関係はあっても、**人口の多さと労働生産性の間には、相関関係はありません**。

なぜならば、労働生産性は教育レベルや社会資本（インフラ）の充実度などが大きく関わり、人口とは相関しないからです。

一方、**同じレベルで社会が発展している先進国の中では、人口が多い国のほうがGDP総額が大きくなる**傾向が顕著です。たとえば、アメリカの人口は日本の3倍もあるので、日本の生産性がアメリカの3倍以上にならなければ、GDP総額で日本がアメリカを超えることは数学的にありえません。

要するに、**GDPとは国の経済の総力を映し出しているだけで、1人ひとりの豊かさを反映しているわけではない**のです。

ですので、労働生産性が低い日本が経済大国になっているのは、何ら不思議なことではありません。この事実を素直に受け入れ、改善に向けて手を打つべきなのです。

第２章

未来

日本人は世界の貧困層になる

　さて、第1章でさまざまなデータを示したとおり、日本という国は世界的に見るとけっして豊かではないということは、ご理解いただけたかと思います。日本では長年にわたって給料が増えず、横ばいで推移しています。そのこと自体も憂慮すべき大問題ですが、さらに悪いことに手取り収入も減ってしまっているのです。

日本人の「手取り収入」は激減している

　図表2-1にありますように、日本では2003年以降、**「国民負担率」**がずっと上がっています。国民負担率とは、**国民の義務として支払わなくてはいけない税金と、負担しなくてはいけない社会保障費の合計を所得で割ったもの**です。

　国民負担率は1990年に38・4%といったんピークを打って、2003年の34・1%まで低下しました。しかしその後また上昇に転じ、2013年には初めて40%を超えました。2022年にはさらに46・5%まで上がっています。

　1990年と2022年との比較では、租税負担は27・7%から27・8%にしか上がっ

図表 2-1　**2003年以降、国民の負担は右肩上がり**

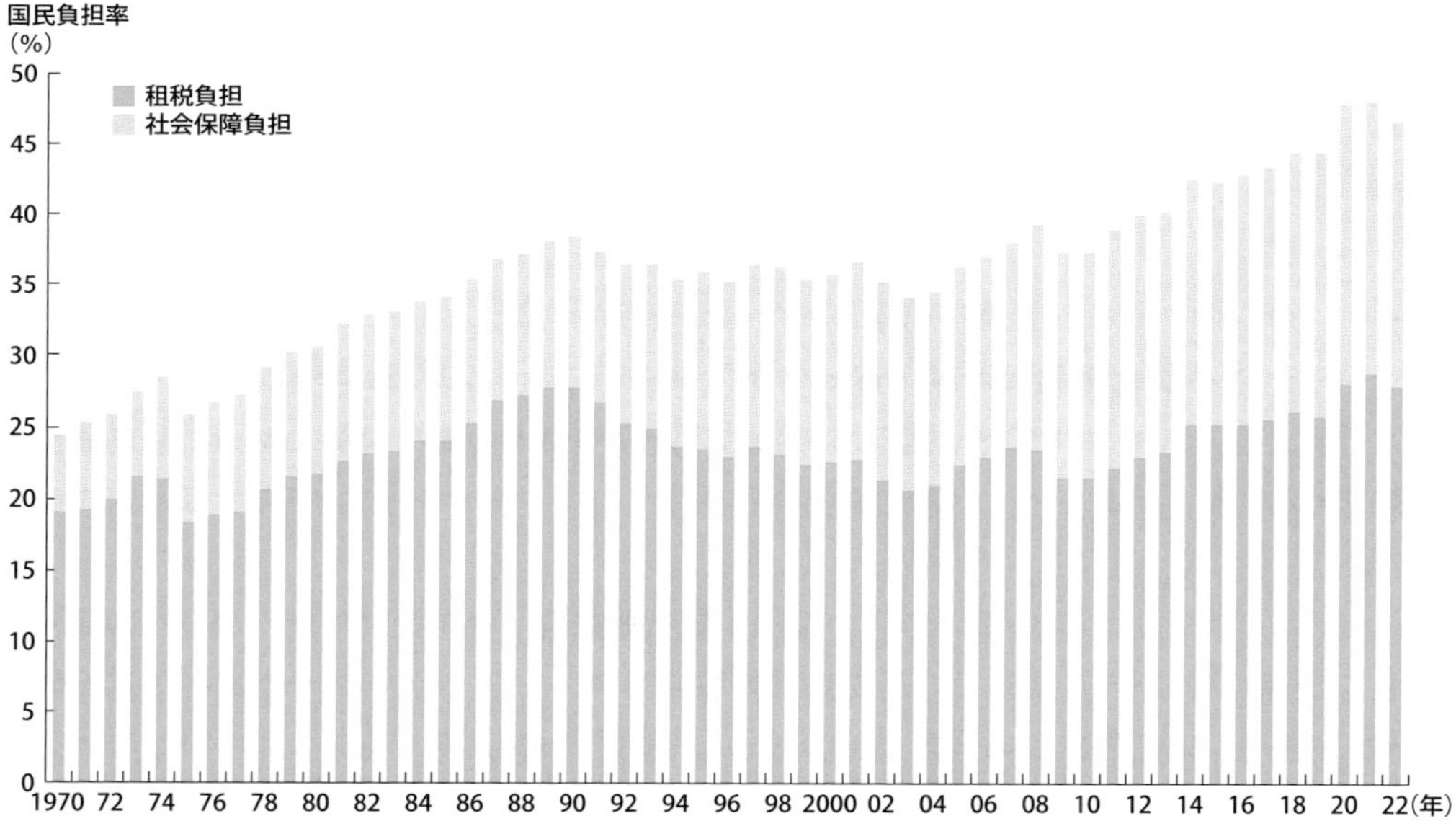

出所：1995年までは厚生労働省、以降は財務省データより筆者作成

ていませんが、社会保障負担は10・6％から18・7％まで大きく跳ね上がっています。つまり、**1990年と比べて、手取り収入は8・1％も減った**ことになるのです。

底を打った2003年と比べると、税率は7・3％、社会保障負担は5・1％、なんと**合計で12・4％**も上がっています。社会保障費の負担がこのように増大した原因は、**高齢者が増えているにもかかわらず、納税者が減ったから**に他なりません（図表2-2）。

さらに悪いお話をお伝えしましょう。いまの状態を放置してしまうと、**今後は仮に給料が下がらなくても、みなさんの手取り収入は加速度的に減っていきます。**

なぜならば、**いずれ消費税などが増税されるうえに、社会保障費も高くなるから**です。給料が上がらなければ、当然、あなたの手取り収入は確実に減っていくことになります。

なぜそうなるのか、その理由を説明していきましょう。

カギは人口動態です。日本には今後、以下のような状況が訪れます。

（1）高齢者の数が減らない＝年金・医療費の負担は減らない
（2）納税者の数が減る＝1人あたりの負担が増える

図表 2-2　高齢者が激増しているのに、納税者は激減している

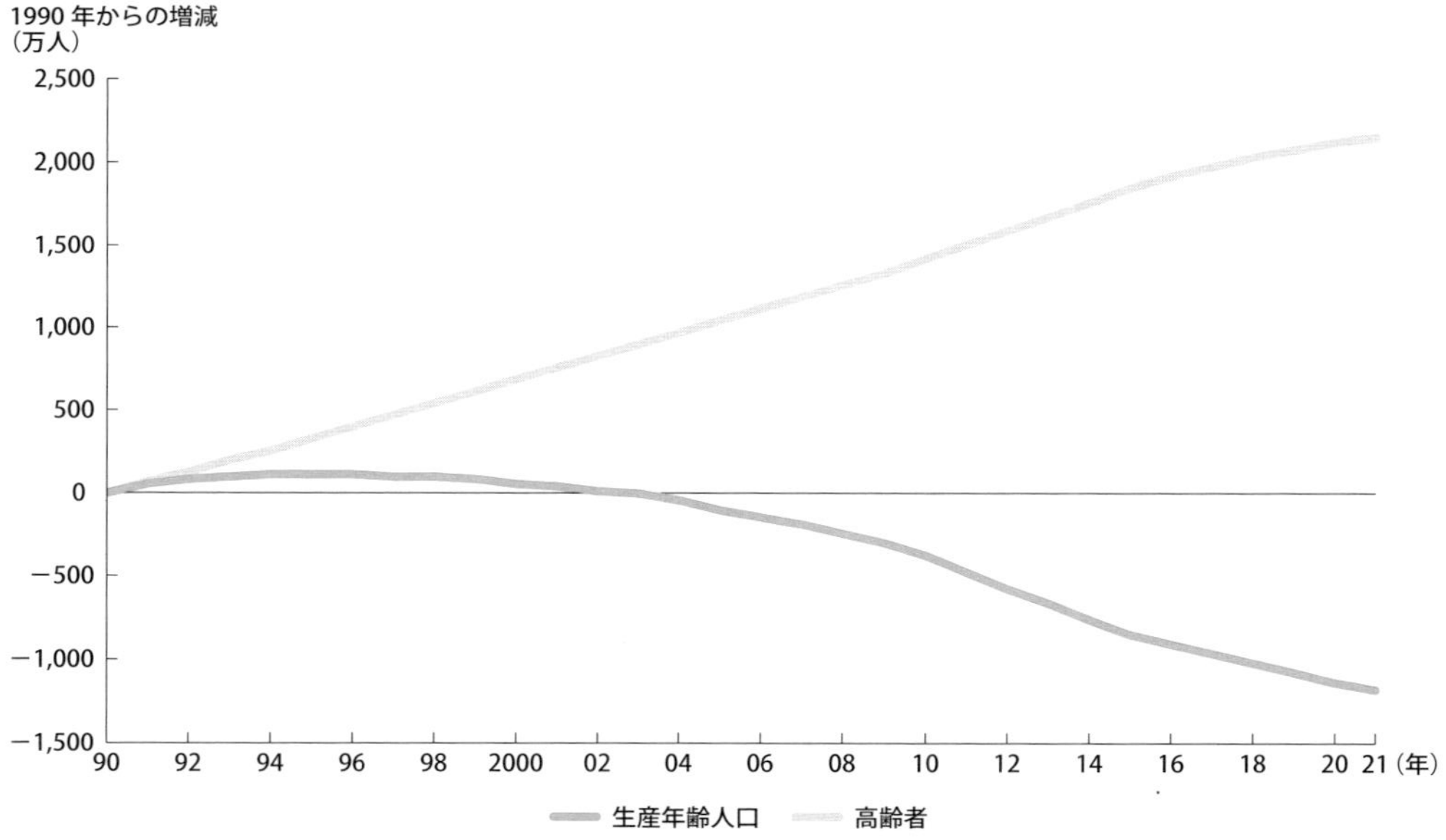

出所：世界銀行データより筆者作成

では、1990年を基準として、高齢者と生産年齢人口はそれぞれどれだけ増減したのでしょうか。図表2-2を見ると明らかなように、**日本では1990年から高齢者の数が激増**しています。1990年から2021年までで、2141万人の増加です。

高齢者の多くは年金暮らしで、仕事をしていません。つまり、**30年の間に2000万人以上の失業者が増えたのと同じことが起こった**のです。

ここでちょっと想像してみてほしいのですが、みなさんは新聞で「失業者が2141万人増えた！」「総人口の6人に1人以上が失業」という記事を見たらどう思うでしょうか。この記事を見て何も感じないとすれば、かなりの鈍感だと思うのですが、いかがでしょうか。

さて、高齢者という名の「無職の人々」が増加した一方、**最大の納税者である15歳から64歳までの「生産年齢人口」は、同じ期間に1299万人も減っています**。

日本ではこのように、高齢者が増えた一方で、生産年齢人口が減り、人口構成のバランスが大きく変化しました。その結果、社会保険料の負担が激増し、消費税を引き上げざるをえなくなったのです。

さきほども述べたように、いまのままの状態を放置すると、あなたはこれからさらに貧乏になります。

なぜならば、**日本では2060年まで高齢者の数がほとんど減らないのに、税金という形で高齢者を支える人の数はいまよりさらに約3000万人も激減する**からです。当然、1人あたりの負担は大きく増えることになります。

具体的な数字を挙げると、2060年までに高齢者の数は1990年と比較して1997万人も増えます。当然、その分だけ年金や医療費などがかかりますが、それを負担する生産年齢人口は2060年には1990年と比べて4183万人も減ります。

納税者数はピーク時に比べて、4割も減ります。その結果、**高齢者を支える負担は約2倍になる**のです。

図表2-3では別のデータを紹介しています。これは日本の総人口に占める高齢者の割合を示したものです。

このデータによると、日本の総人口に占める高齢者の割合は、1950年にはわずか4・9%だったのですが、2060年には39・9%にまで上がると予想されています。当

図表 2-3　人口の 40%が高齢者になる

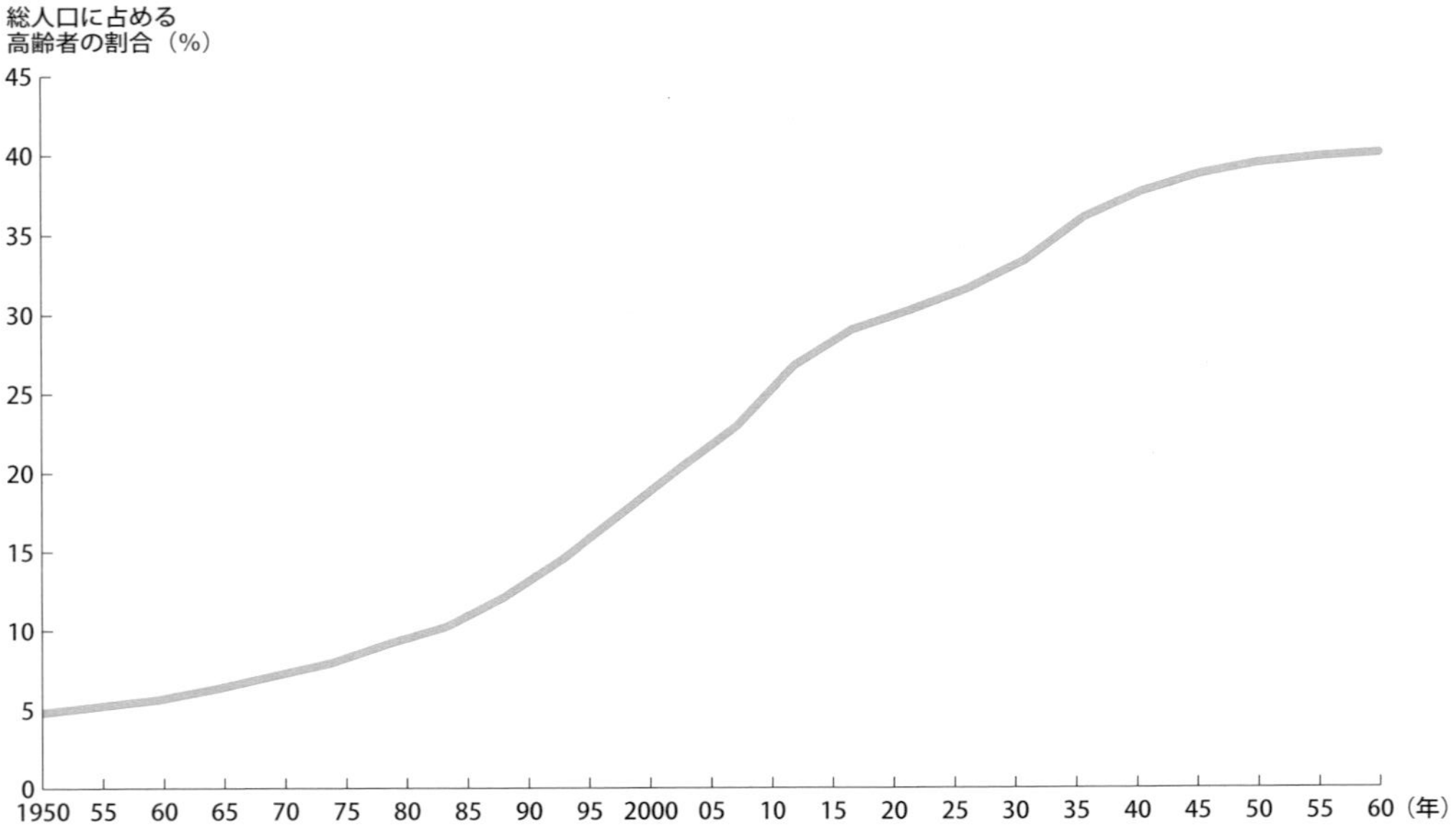

出所：総務省、国立社会保障・人口問題研究所データより筆者作成

然、主たる納税者である現役世代の負担が増えることは、誰の目にも明らかです。

一方、日本人の給料はこの30年間、ほとんど増えていません。これからも**給料が増えない状態が続けば、ますます税金が高くなり、働く人の使えるお金は減る一方**です。

もう一度、声を大にして申し上げておきます、

あなたの手取り収入は激減します。

この人口減少のトレンドを変えようと思っても、もはや手遅れです。日本の出生者数は、1973年の209万人をピークに、以降一貫して減少傾向が続いています。2021年にはとうとう81万1622人と最低記録を更新し、減少の傾向が止まる気配はまったく感じられません。

政府もさすがに危機感を覚え、さまざまな少子化対策を打ち出しつつあります。しかしそうした対策は、遠い将来にはその効果が出てくるかもしれませんが、近々に人口減少のトレンドを大きく変えることは不可能です。

人口が減り続け、給料が上がらないのであれば、みなさんの手取り収入が減ることは確

実なのです。ですから、「はじめに」に書いたように、**日本で暮らし続ける以上、「給料交渉」が絶対に必要**なのです。

「給料が上がっても、税金でとられるだけではないか」という趣旨の発言を、たまに耳にすることがあります。たしかにそのとおりなのですが、給料が上がらなければ、手取り収入は確実に減ってしまいます。仮に**手取り収入が横ばいのまま推移するだけだとしても、減ってしまうよりはよほどマシ**でしょう。

人口減少がもたらす6つの悪影響

人口が減ることの弊害は、みなさんの手取り収入が減ることだけではありません。

経済を成長させるためには給料を上げなくてはいけないのに、**人口が減少し続けてしまえば、給料を上げるのがますます難しくなります**。なぜならば、人口が減ると国の経済にさまざまな悪影響が生じるからです。

ここでは、代表的な6つの悪影響を紹介します。

(1) 消費者が減る

日本では人口減少の問題の核心を「労働者の減少」だととらえて、分析の基軸にしている評論家や知識人が多いようです。

彼らは、「人手不足に対して企業は何をすればいいのか」を、一生懸命に分析・議論しています。「働く人が減っても、効率化を進めれば対応できる」と言う人もいれば、「ロボットやAIなどを導入すれば問題ない」と主張する人もいます。

たしかに、人口減少がモノやサービスを供給している側だけの問題だと考えれば、これらの理屈は成立していますし、間違いではありません。

しかし、彼らの分析には決定的に欠けている視点が存在します。**人口減少が経済活動にもたらすもっとも大きな悪影響は、労働者の不足ではなく、消費者の減少です**。これがきわめて重要な盲点なのです。

先ほど紹介したような「供給サイドの労働者が足りなくなる。どうすればよいのか」という論点も重要ではありますが、現状とまったく同じモノやサービスをいまより少ない労働力で供給できたとしても、**「いったい誰がそれを買ってくれるのか」**という問題が残ります。

たとえば、供給側の企業がロボットを導入して供給量を維持できたとしても、ロボットは人間と同じように家を買ったり、お米を食べたりはしません。もちろん新幹線にも乗りませんし、観光をしたりもしません。

くどいようですが、大事なポイントですので繰り返します。

人口減少とは、供給側だけの問題ではありません。**供給を維持することができても、それを買う人間が減って消費が減れば、余剰が生じるだけ**です。

このように、需要と供給のバランスが崩れ始めているからこそ、全国で空き家が増加したり、地方の百貨店が立ち行かなくなって廃業したり、ローカル鉄道が廃線となってしまうといった種々の問題が現実のものになっているのです。

（2）高齢化によって低所得・低消費者が増える

総務省のデータによると、日本の2021年10月現在の総人口は約1億2550万人でした。日本の人口のピークは2008年の1億2808万人なので、実はまだピークから258万人、約2％しか減っていません。

人口減少に関して「まだ騒ぐ必要はない」と言っている人もいますが、そういう発言をされている方は、おそらくこのデータを見ているのではないかと思います。

総人口の減少は、それ自体でも経済にとってのマイナス要因ですが、それ以上に深刻なのが、**もっとも活発な消費活動を行う層の人口が減っている**ことです。

経済学では、国の人口を「年少人口（15歳未満）」「生産年齢人口（15歳以上65歳未満）」「老年人口（65歳以上）」の3つの層に分けて把握します。

どの国でも**いちばんお金を使うのは生産年齢人口の層**で、この層が消費者の中枢になっています。

日本の場合、**総人口の減少を上回るペースで生産年齢人口が減っています**。ですから、総人口の減少から読み取れるより、実際の問題はずっと深刻なのです。

生産年齢人口の「15歳以上65歳未満」という区分は、中学校卒業から定年退職時の年齢に合わせて設定されています。「生産年齢」というくらいなので、仕事をしてお金を稼ぐ年齢層という意味合いが含まれています。

先進国にとっては、この年齢区分はもはや時代遅れになっているという印象を私は持っています。というのも、たとえば私が生まれた1965年のイギリスでは、ほとんどの人が中卒でしたが、いまでは大学進学率が当時とは比べようもないほど高くなっているからです。ただし、生産年齢人口が世界共通の区分として使われているのは事実ですので、本書でもこの区分を使って説明を進めたいと思います。

さて、あらためて日本の生産年齢人口はどのくらい減っているのか、確認しておきましょう。

日本の生産年齢人口は、1995年にピークを打ちました。そのときは8715万人でした。ところが、2021年には7416万人。**ピーク時の総人口の10分の1以上にあたる1299万人の生産年齢人口が減ってしまっている**のです。実に**14・9％減**です。

すでに紹介したとおり、日本の総人口はピーク時から２５８万人しか減っていません。しかし、生産年齢人口は１２９９万人の減少です。考えれば考えるほど、すごい減少数です。

想像していただきたいのですが、たとえばコロナが流行し始めたときに、「コロナで亡くなる人が１２９９万人にものぼる」と報道されたらどうでしょう。おそらく国全体が恐怖におののき大パニックになるでしょうし、社会は大混乱に陥ることでしょう。

ちなみに、図表2-4にありますように、アメリカではこの間、生産年齢人口が増え続けています。１９９５年から現在までに４０２２万人も増えました。日本の人口動態とは、まるで反対のことが起きていたのです。

当然、**アメリカのように生産年齢人口が大きく増えれば、経済の成長に大きく貢献**します。なぜなら彼らは仕事もするし、消費もします。もちろん税金も払ってくれるからです。生産年齢人口は、労働者としても消費者としても納税者としても、経済にもっとも貢献してくれる世代なのです。逆に生産年齢人口が減ると、消費に対するダメージはもっとも大きくなります。

アメリカのデータを見ると、所得は45~54歳の区分の層がもっとも多く、２０１３年で

図表2-4　生産年齢人口の増加が続くアメリカ、減少に転じた日本

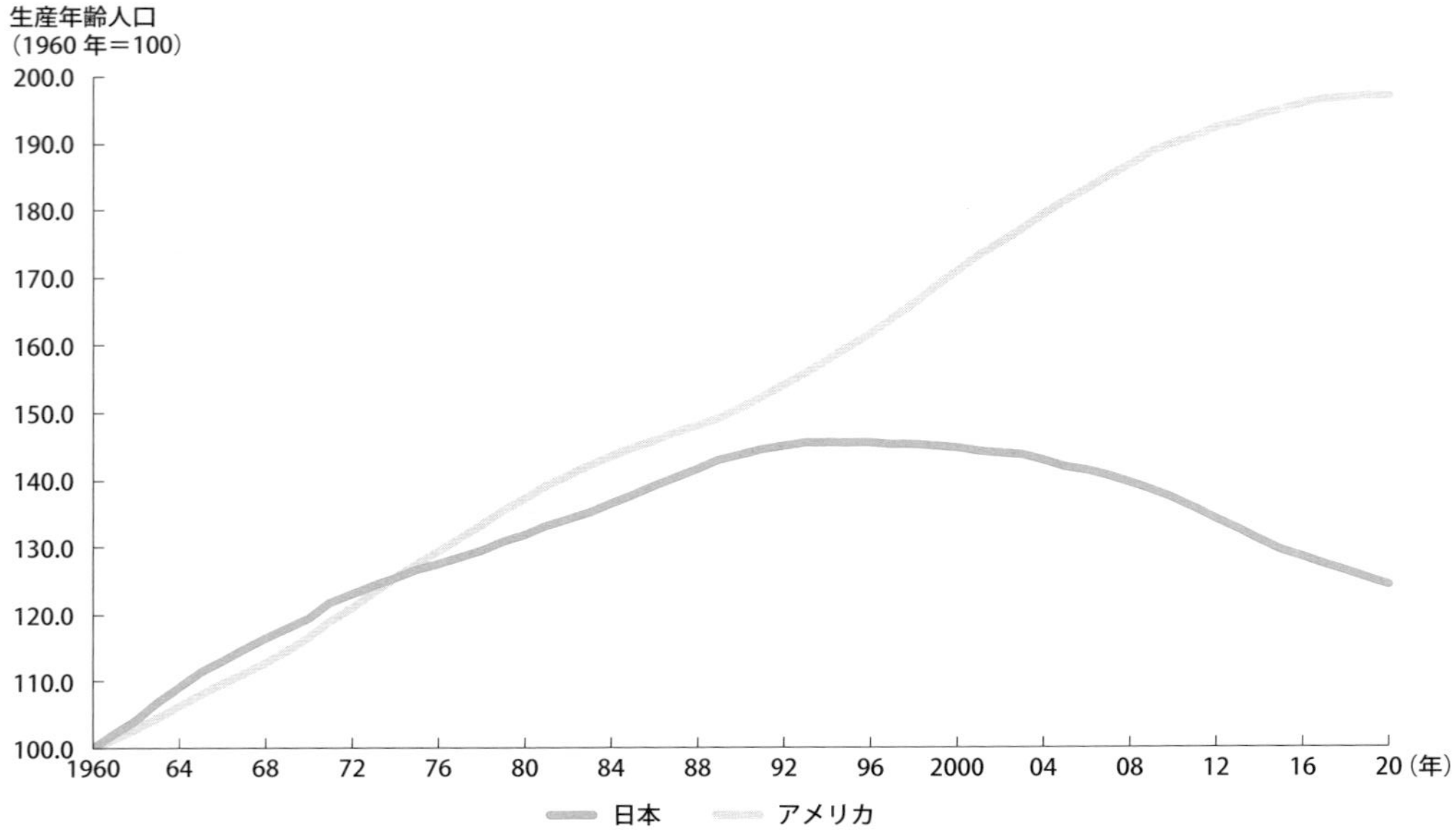

出所：世界銀行データより筆者作成

は7万8879ドルでした。この年代に支出もピークを打ち、その後、年代が上になるにつれ次第に減ります。45～54歳の世代では年間6万524ドル使うのに対し、75歳以上になると43％減の3万4382ドルとなります（図表2-5）。

日本も、アメリカほど極端ではないものの、傾向は同じです（図表2-6）。

ではなぜ、生産年齢人口の層がいちばんお金を使うのでしょうか。

答えは簡単で、**この層が他の層よりよく働き、所得が多いから**です。一般的に、労働者は若いときから50歳くらいまで徐々に収入が増え、天井を打った後、年金生活が終わるまで収入は減っていきます。

生産年齢人口がいちばんお金を使うのには、もう1つ理由があります。この年代が**ライフステージの中で、もっとも活発に活動する時期にあたる**からです。

たとえば、結婚をして子どもをつくれば、子どもにたくさんのお金を使います。家族が増えれば家が狭くなり、新しい家を買う人も出てきます。その際には、家具を買ったり、電化製品を新調したりもするでしょう。旅行やレジャーに出かける機会も増えるでしょうし、人によっては車を購入したりもします。

このように、同じ国の中でも、生産年齢の人たちは他の層に比べて活発に活動するので、

図表 2-5　アメリカ人の支出は 45 〜 54 歳がピーク

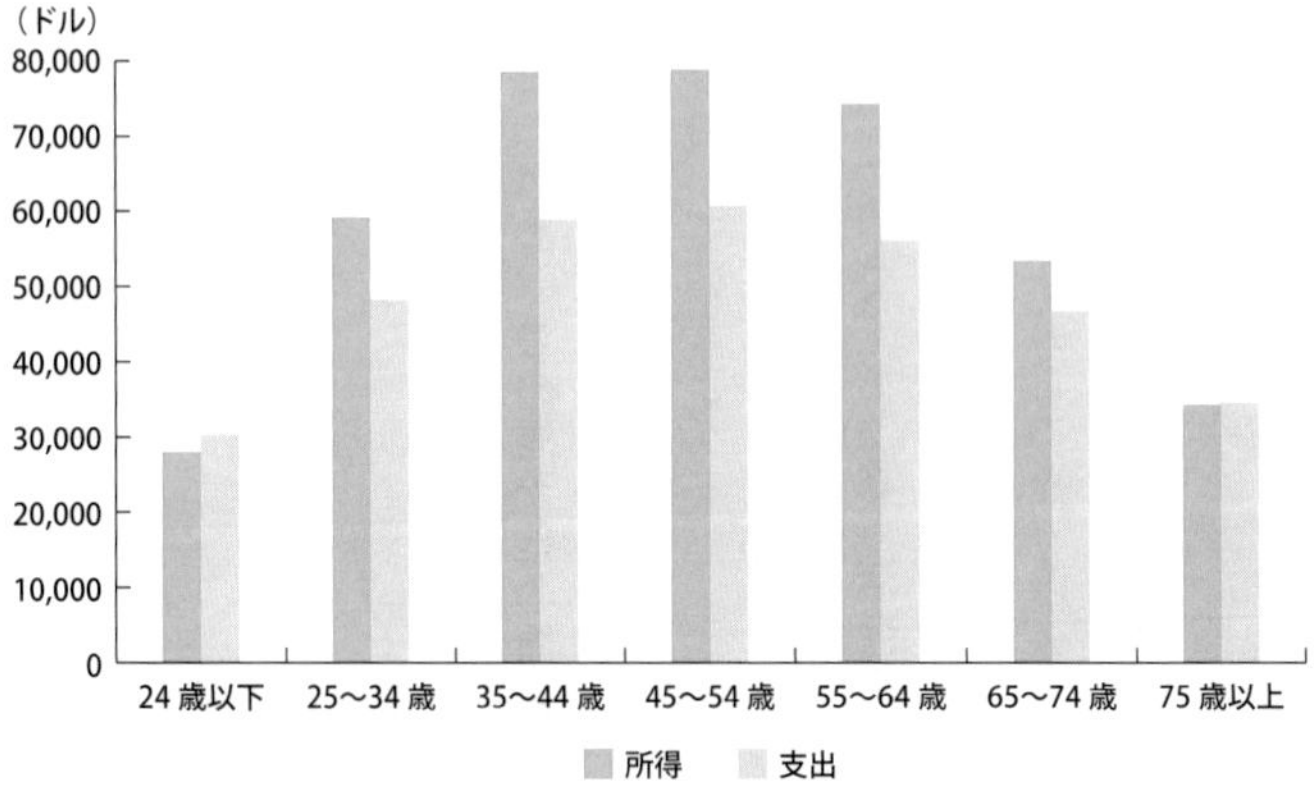

出所：U.S. Bureau of Labor Statistics, 2013 より筆者作成

図表 2-6　日本人の支出は 50 代がピーク

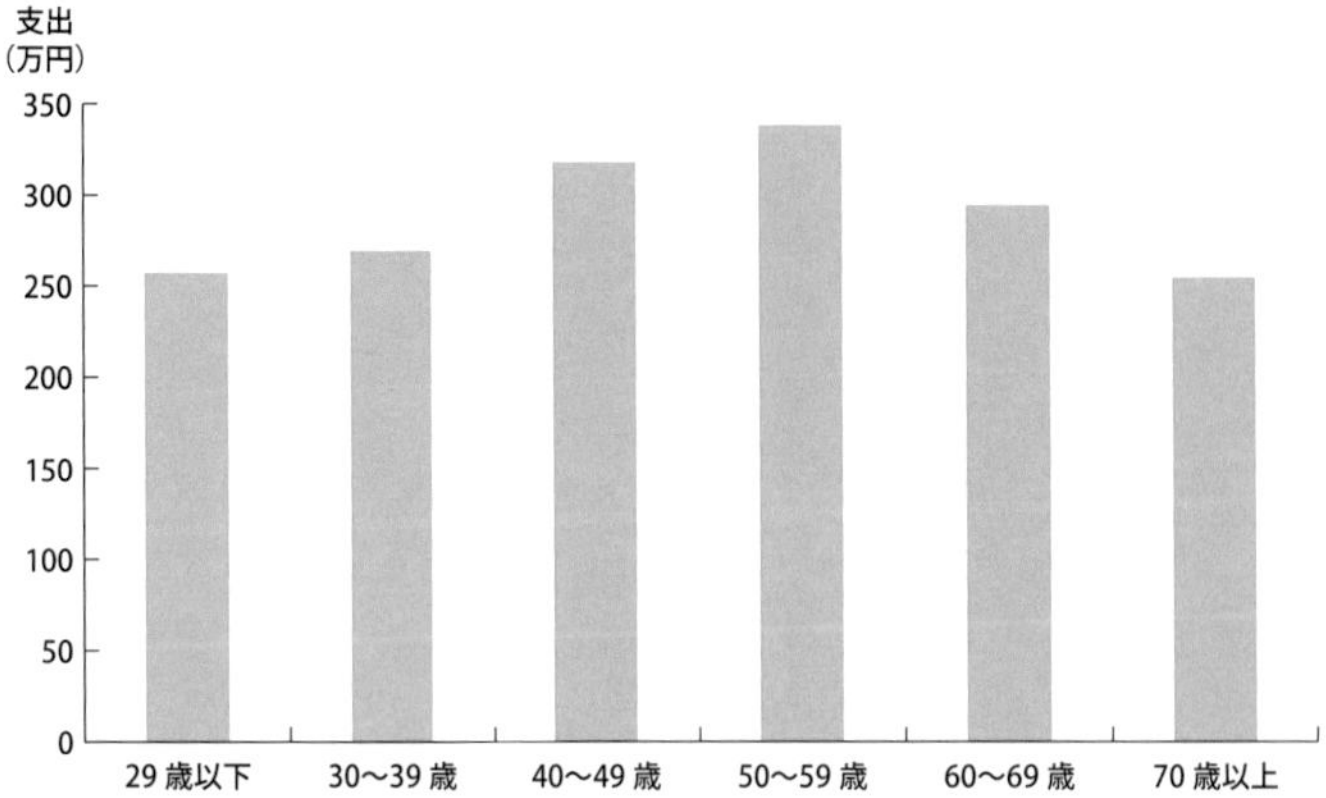

出所：総務省「家計調査年報」（2020 年）より筆者作成

生産年齢人口が総人口に占める割合が大きくなるほど、より多くのお金が使われることになります。その結果、経済は活性化されるわけです。

また、生産年齢人口の層の人の多くは、**若いときには稼いでいる以上のお金を使います。**借金をして家や自動車を買うのが典型で、前倒しでお金を使い、後々返済するのです。

人口が増えている国では、前倒しでお金をたくさん使う若い人が増えているので、経済が雪だるま式に活性化していきます。言い方を変えると、**仮に総人口に変化がなくても、生産年齢人口が減るとお金をたくさん使う人が減り、消費が低迷する**ことになります。別の見方をすれば、高齢者は平均して低所得者ですから、高齢者の割合が増えるということは低所得者が増えることを意味するのです。

日本の高齢化問題はさらに深刻化しています。それは、とくに75歳以上のいわゆる後期高齢者が総人口に占める割合が、増大しているからです。

日本では**2020年に初めて、75歳以上の人口が65〜74歳の人口を超えました**（図表2−7）。1950年から2060年までに、65〜74歳の人口は3・7倍に、**75歳以上の人口は実に21・8倍に増える**と予想されています。2060年には、総人口の26・9％を75歳以

図表 2-7　**75 歳以上の高齢者が増加している**

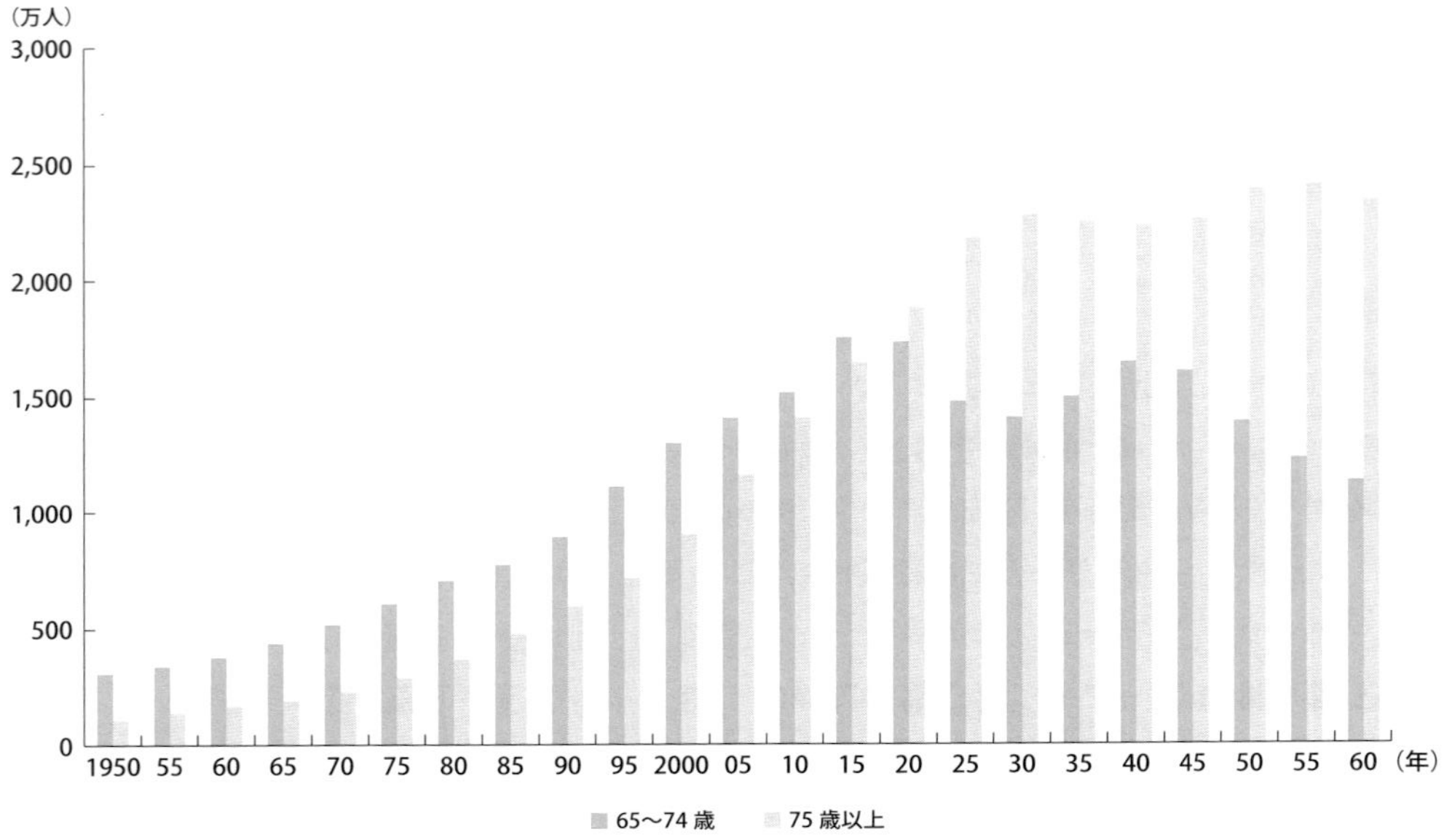

出所：国立社会保障・人口問題研究所データより筆者作成

上の人口が占めることになるのです。

75歳以上は、支出がもっとも少ない層です。その層が総人口の26・9%にもなるので、仮に総人口があまり減らないとしても、経済に対する打撃はきわめて大きくなるのです。

（3）高齢化によって需給ミスマッチが生じる

また、**どの年齢層が多いかによって、その国の経済の中で何が売れるかも変わります。**

生産年齢人口が増えると、親元を離れて独立する若い人が増えます。彼らは新しく始める暮らしのため、家具や電化製品など生活に必要なものをそろえなくてはいけません。一部は親元から持ってきたり、知人からもらい受けたりするかもしれませんが、足りないものは自分で購入しなくてはいけません。

その結果、**ものが売れ、製造業が潤う**ことになるのです。日本でも戦後すぐのベビーブームの後は、製造業が経済をけん引しました。

しかし、**若い人口が減ると、消費されるものが家や家具・電化製品などの「製品」から「サービス」に変わっていきます。**

さらに、高齢化が進むほど消費されるものの中身は変化していきます。高齢者が増えるほど、医療に使われるお金が増えるのは誰でも想像がつくと思いますが、どこの国でも実際にそのとおりになっています。一方で**他の商品やサービスの消費は控えられる**ようになり、消費総額は人口減少分以上に減ります。

また、人口減少・高齢化が進むと、空き家が増えたり、地方の旅館にお客が集まらないなど、さまざまな問題が生じます。とくに飲食・宿泊や美容室など、人間の数の多さを基盤にビジネスを行っている業界は衰退していきます。

当然、企業はこのような環境の変化に対応せざるをえなくなります。**どの企業も廃業は避けたいと考え、縮小する市場の中からなんとかお客さんを確保しようとするため、過当競争が進みます**。価格を下げたり、コスト削減をして価格を上げず、なんとか我慢して持ちこたえようとします。

その結果、**多くの企業がさらに打撃を受ける**ことになり、経済全体がデフレに陥りやすくなります。

さて、生産年齢人口が減り高齢者が増えると、消費総額にはどれほどの影響が出るでしょうか。ここでは説明を簡単にするため、単純化した試算を紹介しておきましょう。

たとえば、40代の人の消費額が高齢者より２００万円多いとすると、40代の人口が１２００万人減る一方で高齢者が１２００万人増えた場合、消費総額は24兆円減る計算になります。

しかし、日本の場合、この程度の消費総額の減少ではすみません。日本では、２０２０年から２０６０年までに生産年齢人口が３０００万人も減ると試算されています。先ほどの例と同じように、１人あたり２００万円の減少だとすると、消費総額はさらに**60兆円**も減少します。

生産年齢人口のピークと比較すると、２０６０年までの減少幅は４２００万人にのぼります。消費は84兆円も減る結果となるのです。

もちろん、このシナリオは何の手も打たない場合に起きる、いわば最悪のケースです。しかし、けっして絵空事でもないことは、心にとどめておく必要があります。

（4）経済の中枢が減りエネルギーが低下する

人口に占める生産年齢人口の割合が大きければ大きいほど、その国の経済は活性化しやすくなります。

とくに日本の場合、**労働者の技術レベルが高く、教育も行き届いており、さらに国民性からなのか勤勉に働く**ので、なおさら生産年齢人口の比率が大きくなればなるほど経済が発展しやすい土壌があります。

日本の生産年齢人口が総人口に占める割合を歴史的に見ると、昔から他の先進国より高いことがわかります。とくに、1960年から1969年までの間に生産年齢人口が激増し、人口に占める割合が69%という驚異的な水準に達しました。終戦直後の第一次ベビーブームで生まれた人たちが成長し、生産年齢人口に加わったからです。

このころ、日本では高度経済成長の最盛期を迎えたのはご存じのとおりです。このように、**経済が活性化したのは生産年齢人口の増大と密接に関連**しています。

図表2-8を見てください。1970年以降、日本の総人口に占める生産年齢人口の比率は10年ほど低迷しましたが、1980年からふたたび上昇し始めています。その後、1985年あたりから加速度的に上がり、1992年には再度、69・8%というピークを迎えます。

いまでも語り継がれている未曽有の好景気、バブル経済は1986年に始まり、

図表2-8　生産年齢人口の割合は減り続けている

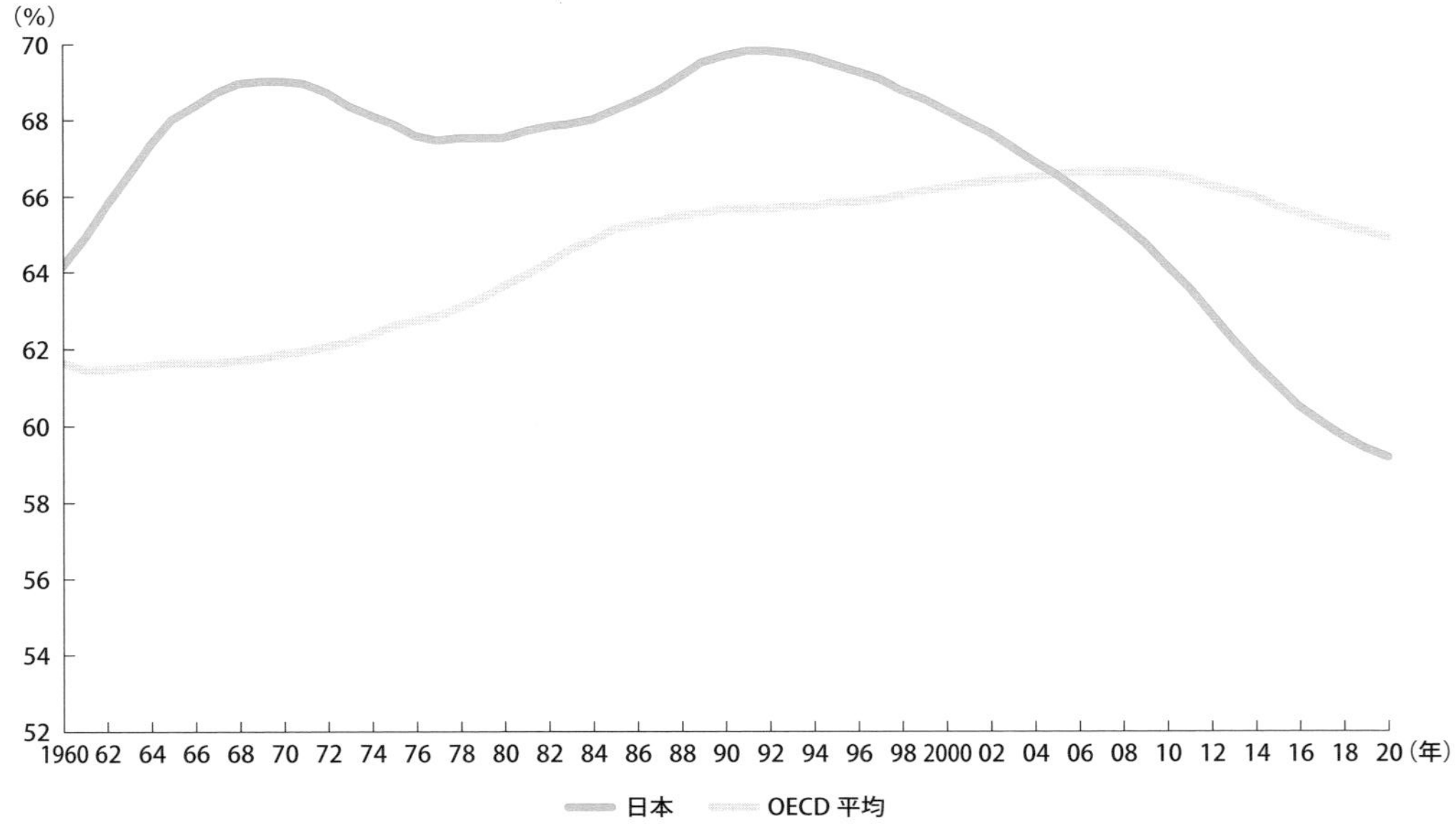

出所：OECDデータより筆者作成

1992年まで続いたと言われています。もちろん生産年齢人口比率の上昇だけが好景気をもたらしたとは言いませんが、**景気を支えた重要な要因だった**のは間違いありません。

ちなみに、ここ十数年、韓国経済が日本より勢いがある原因の1つは、韓国の生産年齢人口の割合が2014年に73・4%という非常に高い比率でピークを迎えたことにあります。

しかし、韓国でも今後は生産年齢人口が減少し、生産年齢人口の構成比が縮小することが予想されています。そうなったときに韓国経済にどのような影響が出るのか、興味深く注視していきたいと思います。

さて、**現在の日本の生産年齢人口比率は59・2%で、主要先進国の中で最低水準**です。実は、2060年になると、この比率はさらに下がって**50・9%**になると予想されています(図表2-9)。

すでに説明したとおり、生産年齢人口の比率が高いと、精力的に働ける人が多く、活発に消費活動を行うので、失業率を低く抑えることができれば、経済成長の最高のエンジンになります。

図表2-9　**生産年齢人口の割合は50.9%まで低下する**

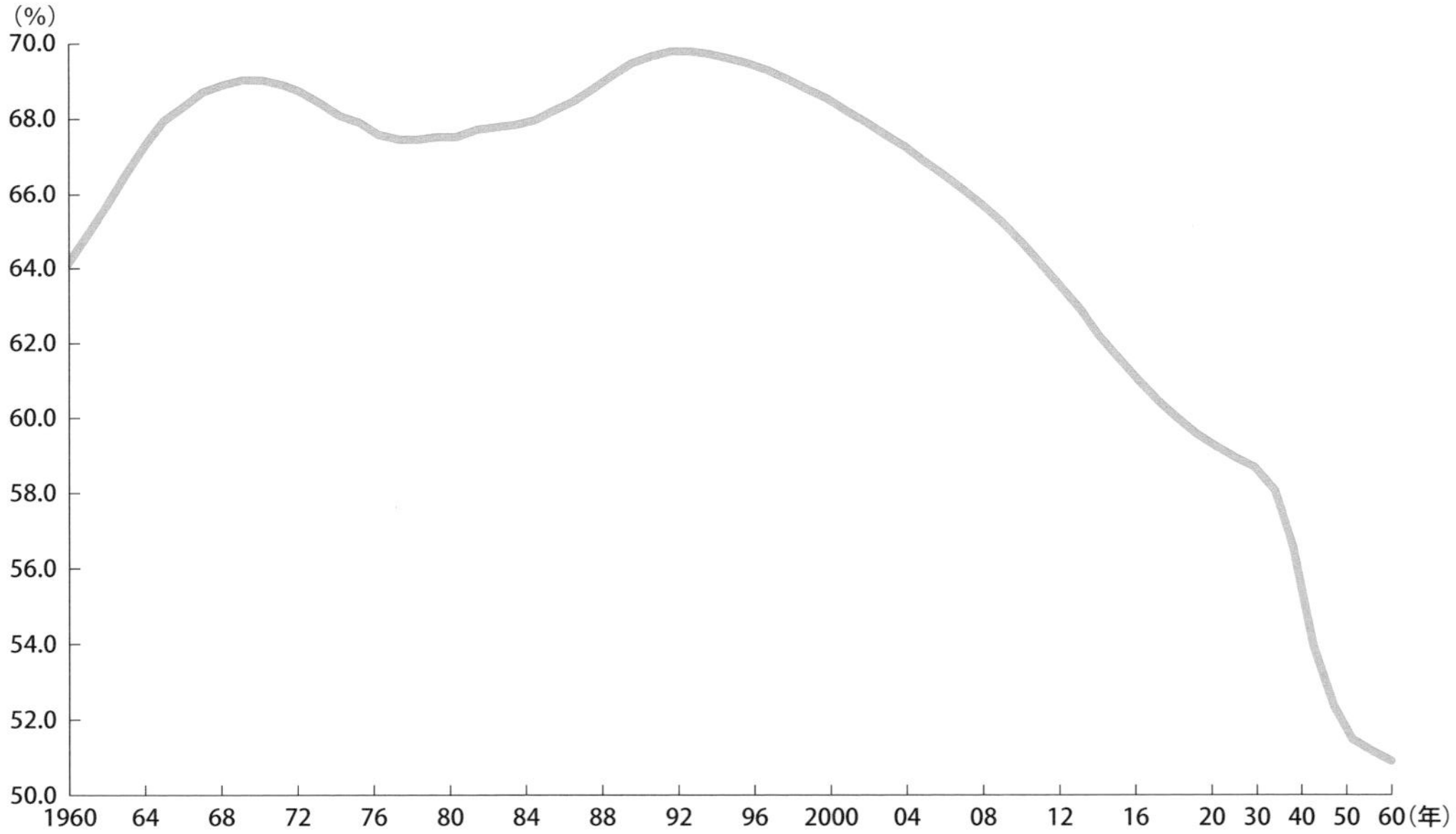

出所：世界銀行、国立社会保障・人口問題研究所データより筆者作成

逆に、失業率が低くても、生産年齢人口比率が低下すると、大量の失業者がいる（働いている人が少ない）、あるいは低所得者が増えているのと同じことになってしまい、高齢者を支える社会保障負担が重くなります。

何度も説明していますが、今後数十年にわたって、日本では**高齢者の数はあまり減りません。逆に、生産年齢人口は減る一方**です。そのため納税者の負担は大幅に増えます。その負担は、大まかに言うと現在の約2倍です。

新聞などでは、「昔は高齢者1人を12人の納税者が支えていたけれど、2060年には1・2人の納税者が高齢者1人を支えることになる」という報道をよく見かけます。高齢者の負担を12人で分担し合っていたのが、今度は1人ひとりが高齢者を1人ずつ支えなくてはいけなくなるという話です。

このような状態になったとき、あなたの給料が増えていなければ、高齢者を支えるためのコストが増えた分だけ増税されるので、手取り収入は激減します。

このトレンドは、すでに始まっています。国の借金はすでにGDPの2倍以上にも膨れ上がり、それを少しでも解消しようと消費税も増税されました。今後も社会保険料が増えるので、負担は増える一方です。

このように、**日本人の手取り収入が激減することは、ほぼ確実**です。だからこそ、1人ひとりが危機感を強くし、対策を打たなくてはいけないのです。

（5）投資ができなくなる

ここまで見てきただけでも十分に心配しなくてはいけない状況なのですが、人口減少の悪影響はまだあと2つあります。

1つは、**人口の減少にともない社会保障費が膨らんだことで、日本政府が身動きをとれなくなり、問題の抜本的な解決を遠ざける結果になってしまっている**ことです。

社会保障費の負担は、人が定年退職するたびに増えます。いちばん病気になりやすく、また治療費の高い病気になりやすい高齢者が増えると、自動的に必要となる医療費が増加するからです。

アメリカのある分析によると、人生にかかる医療のコストの59・6％は、65歳以上に発生しているそうです。

そもそも政府は、倫理的にも高齢者を守る責任を負っています。しかし仮にそうでないとしても、政府が高齢者の社会保障費、ないしは高齢者向けの社会保障制度に手をつけるのは難しいのが現実です。

なぜならば、**高齢者は投票率が高く、へたな政策を打って彼らの不評を買うと、政権を失うリスクが高まってしまう**からです。このことは、これまで日本で何が行われてきたかを思い出してもらえれば、どなたにも納得してもらえると思います。

このように高齢者を支えるための社会保障費の負担を削る政策を打つのは難しいので、**政府はそれ以外の支出を抑えて帳尻を合わせよう**としています。実際、インフラの劣化が進んでいるにもかかわらず、公共工事費は一時に比べてかなり減っています。

さらに、**出すか出さないか判断の余地がある任意の支出は、できるだけ抑える**傾向が顕著です。たとえば大学への支援などはその典型です。

専門用語では、社会保障費は**「移転的政府支出」**と言います。働いている現役世代に税金という形で負担させ、それを高齢者などに「移転」させるからです。

高齢化の進展によって、移転的政府支出は自動的に増えてしまっています。政府としては、これらはなるべく削らずにやりすごしたいと考えているので、代わりに**「生産的政府**

支出」を抑えて支出全体の膨張を抑えようとしています（図表2-10）。「生産的政府支出」とは、インフラ整備や研究開発、教育、産業政策など、経済の成長を促進する投資です。

しかし、これは国の政策としては、**けっしてやってはいけない過ち**です。

将来的に社会保障の負担は間違いなく増えます。ただでさえ増える社会保障負担を捻出するためには、それをまかなえるように経済を成長させないといけません。しかし、いま行われているのは、**経済成長を促進するための投資を抑制する政策**です。

将来的に社会保障のコストは増え続けるのに、社会保障のコストの増加分を捻出するうえで欠かせない、経済成長のための投資を怠っているのです。これは明らかに**長期的視点の欠けた、近視眼的な政策ミス**です。

（6）インフラ維持の負担が増加する

もう1つの問題は、**インフラなどの固定費の負担が増える**ことです。

どんなサービスも、それを提供するためには**固定費**と**変動費**が生じます。

水道というサービスで考えると、各家庭で使われる水自体のコストが変動費で、水を

図表 2-10　**生産的政府支出の低迷が深刻**

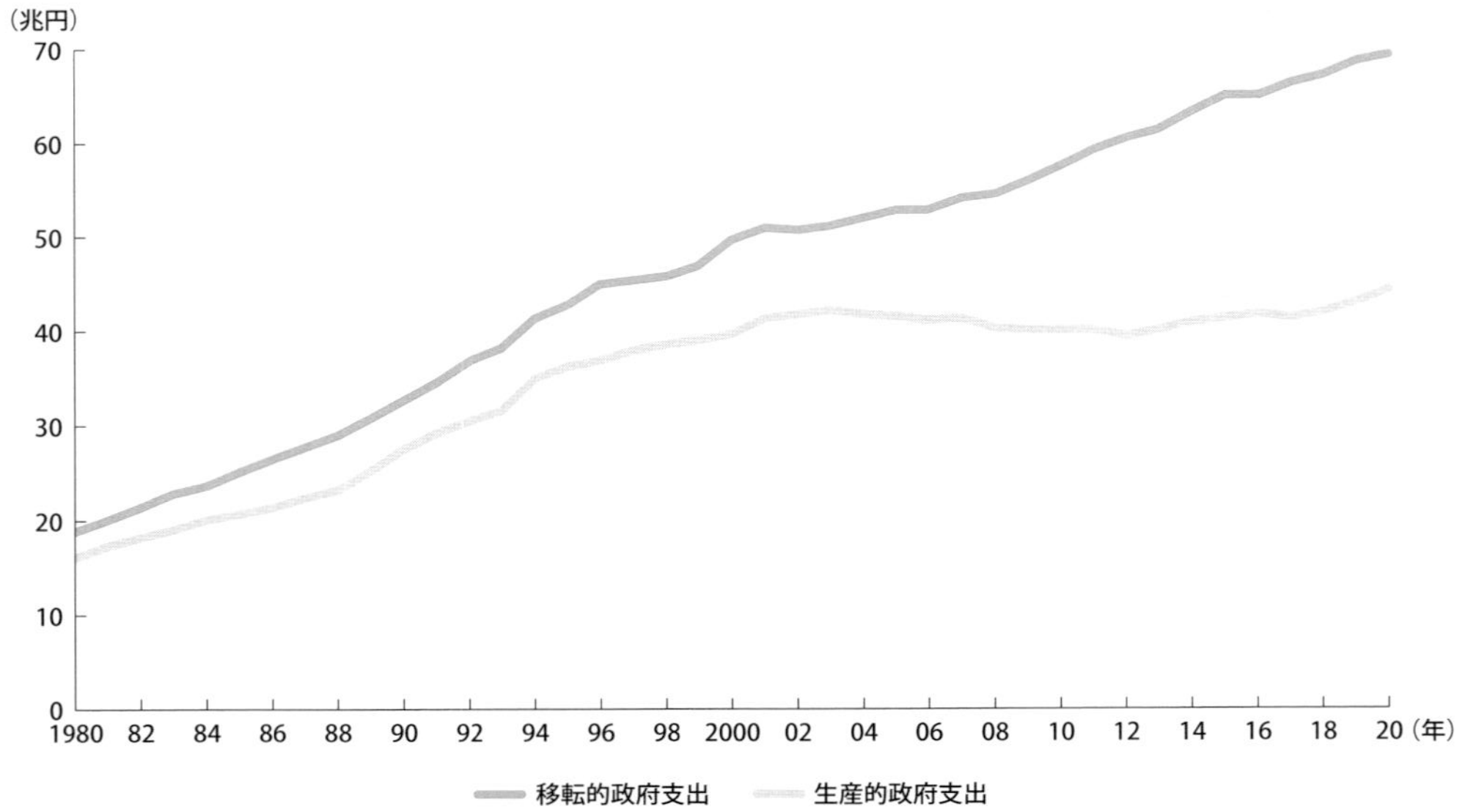

注：1984 年以降は新基準
出所：内閣府データより筆者作成

送ったり、下水を処理したりするための設備のコストが固定費です。

人口が減少すると、インフラの固定費と変動費がどう変化するか、単純化した例を使って説明しましょう。たとえば、ある村の水道のコスト総額が100で、そのうち70が変動費、30が固定費だと仮定します。この村には100人の村人がいるとすると、水のコストは1人あたり100／100＝1です。

これが50人に減った場合、変動費は35に半減しますが、固定費は100人のときと変わりません。すると1人あたりのコストは1ではなく、（35＋30）／50＝1・3に増えます。30％も増えるのです。

この例のように、**人口が減ると、1人あたりにかかるインフラの固定費は間違いなく増える**のです。

ちなみに、東京一極集中という言葉はネガティブにとらえられることが多いのですが、実は人が集中するメリットは数えきれないほどあります。

いまご説明した**「1人あたりの固定費」が減る**ということもそうですし、さらなるメリットも期待できます。

実は、**人が集まるほどその都市の生産性が上がる**ことが、世界中で共通する傾向として確認されているのです。そうなる理由は、**人が集まっているほど付加価値の高い商品を扱うビジネスが展開しやすくなるから**です。

たとえば、百貨店はその傾向を顕著に示す例です。百貨店は近所のスーパーとは違って単価が高く、毎日行く店ではありません。そのため、一定数以上の消費者がいないと成立しません。

高級寿司店でも同様のことが言えます。お店を維持するために、1日あたり最低5人のお客に来てもらう必要があるとしましょう。1人のお客が1年に1回しか来店しないとすると、定休日を週1日、年間53日として（365日−53日）×5人＝1560人の客となる消費者が必要です。

こういう高級店に行く人が全消費者の5％だと仮定すると、1つの店舗を支えるためには1560人÷0・05＝3万1200人の人口が必要だという計算になります。

高級店は頻繁に足を運ぶお店ではないので、お店を続けるのに十分な売上を確保するためには、一定数以上の人口が不可欠なのです。

人口が減り続け、ある水準を下回れば、百貨店や高級寿司店など単価の高いビジネスから順に成立しなくなっていきます。**消費単価のピラミッドには、頂点から崩れていくという原理が働く**のです。

さて、ここまで説明してきたように、人口が減ると、

(1) 社会保障費の負担が増える
(2) 固定費負担も増える
(3) 一方、納税者は減る
(4) みなさん1人ひとりの手取り収入は激減する

という悲惨な状況が訪れることになります。だから、**人口減少を甘く見るのは絶対にご法度**なのです。

第3章

目的

毎年4.2％の賃上げを実現する

第2章では、**「いまのまま何もしなければ、あなたはどんどん貧しくなります」**と警鐘を鳴らしました。

この言葉はもちろん伊達や酔狂ではありません。また、単なる脅し文句でもありません。さまざまなデータを分析したうえで得た知見と、事実を積み上げて導いた結論です。

客観的に見て、日本人が直面しているのは「危機的」状況です。しかしながら、日本社会の雰囲気はどこかのんびりとしており、政府も企業経営者も、またマスコミも緊張感に欠けているようにしか見えません。

人口減少が始まってしまった以上、何もしなければ事態が好転することはけっしてありません。このことは政府や企業の経営者のみならず、みなさん1人ひとりも強く認識するべきです。

座して死を待つか、みなさん1人ひとりが事態打開のために動き出すか、決断が迫られているのです。

本章では、このような危機的な状況にある現状を打破するために、**あなたが何をするべきなのか**、解説していきたいと思います。

政府は給料を上げられない

私は2014年以降、給料を引き上げることの重要性を訴えてきました。本を何冊も書いて、東洋経済オンラインなどネットメディアでも数えきれないほどの記事を書き、テレビにもたくさん出演させていただきました。

メディアを通じてのみではなく、安倍政権や菅《すが》政権では政府に対して直接、政策提言を行いました。とくに菅政権では、政府の成長戦略会議の委員に任命され、会議の場では積極的に発言もしてきました。私の行った提言は政府によって有効性が検証され、いくつかは実際の政策として採用されました。

私の提言の多くは、**人口減少に対応すべく、旧態依然としたルールや仕組みを見直し、今後の社会を見据えた形へと変革をうながす内容**でした。それによって、中小企業も含めて生産性を高め、給料を上げることを提言しました。

当然、旧来のルールや仕組みのもとで利益を享受していた既得権益者の利益が損なわれる結果も生じます。そういった既得権益者から、私はとんでもない攻撃を受けることとなりました。

　どういう攻撃だったのか、ネットで調べていただければいまでも閲覧できますので、もしご興味があるようでしたら検索してみてください。**彼らの攻撃内容は、そのほとんどがデマ**だということがおわかりいただけると思います。


　さて、このように激しい攻撃を受けた結果、日本という国ではいかに既得権益者が力をふるっているのかを確認することができました。同時に、その力が強すぎる印象も痛いほど抱きました。たとえ政府といえども、既得権益者からの圧力を受けては対応策をとるのがきわめて難しいのだと痛感しました。

　同時に、正しい政策が決まっても、**日本という国は、政府が民間企業を動かす力はかなり弱い**という事実も発見しました。たとえば、日本は病床数が世界一で、かつ感染率は諸外国よりかなり低かったのに、コロナ禍ですぐに医療崩壊してしまいました。

　これなどは、政府が民間を動かす十分な力を備えていない証拠の1つだと言えます。似たような例は枚挙にいとまがないのですが、書き出すとキリがないので、この例だけにしておきます。

政府が民間を動かすことができないのは、かならずしも日本にかぎった話ではないかもしれません。いずれにせよ、**政府の力が十分でないとすれば、経済に関しても、政府に何かを期待することはできないし、期待するべきではない**というのが私の結論です。これまでの30年間、政府がさまざまな政策を実施したにもかかわらず給料が上がっていないというのが、そのエビデンスの1つです。

政府に期待できないのであれば、政府がどういう経済政策を講じるべきかという議論も、あまり意味を持ちません。

それよりも、**この国を構成している私たち1人ひとりがどうすれば日本が直面している危機的状況を打破できるかという議論のほうが、ずっと有益**です。本書でもそちらに力点をおいて考察を進めていきたいと思います。

1人ひとりの行動がみんなの給料を上げる

政府に期待するより、1人ひとりがどうするべきかを検討するほうが有益なのは、考えてみれば当たり前です。人口が1億2000万人以上もいる国なので、政府の政策だけでこの国を動かすことは途方もない労力と時間がかかります。どこまで機能するかも、まったくわかりません。

1億2000万人の1人ひとりが他人に依存せずに、「どうすれば自己防衛ができるか」を真剣に考え、実践に移すことのほうが、はるかに有益なのです。**自己防衛のために自主的に動く人が増えるほど、この国は現場から変わる**ことになります。このことは、ぜひ肝に銘じていただきたいと思います。

この主張には、違和感を覚える人もいるかもしれません。たとえば小泉政権で行われた構造改革の結果、非正規雇用者が増加し、格差が助長されたというのが、日本では定説として語られています。それを知っている人は、政府にも経済を変える力があると反論したくなるかもしれません。

しかし、**政府が非正規雇用者を増やせと言ったことは一度もありませんし、企業に強制した事実もありません**。

政府が規制緩和を行い、企業が非正規雇用者を増やしやすくなったのは事実です。しかし、**各企業がこの制度を利用して非正規雇用者を増やさなかったら、非正規雇用者が増加**

することはなかったのです。

つまり、**非正規雇用者が増えたのは、あくまでも多くの日本企業の経営者が自らの意思で動いた結果**であって、政府の力によるものではありません。

政府がやったのは、もともと経営者がやりたかったことを「できるようにした」だけです。**やりたくないことを、無理やりやらせたわけではない**のです。

実際、政府にできることは本当にかぎられています。

１９９０年以降、政府は**ゼロ金利政策**に向けて舵を切りました。その際、金利を下げれば、企業が借金して積極的に設備投資を行い、経済が回復すると期待されましたが、実際にはそうはなりませんでした。

続いて、**法人税率も引き下げました**。そうすることによって企業が給料を上げたり、投資が刺激され、経済が成長すると期待されましたが、こちらも期待はずれに終わりました。結局、増えたのは企業の内部留保金だけでした。

また、政府は**所得税率も引き下げ**、いままでは、年収１０００万円まではあまり税金がかからないようになりました。所得税を引き下げれば消費が活発になり、経済が活性化すると言われていましたが、こちらもそうはなりませんでした。

このように金利や税率を操作する政策は、**マクロ経済政策**と呼ばれています。実は、政府が経済を動かす手立ては、このマクロ経済政策くらいしかありません。ここ数十年間、日本政府はマクロ経済政策に力を入れてはきたものの、残念ながら経済を成長させる効果は表れていません。

1990年以降、日本政府が行った減税や経済対策の結果、日本の国の借金は1200兆円を超えてしまっています。しかし、図表3-1に示したように、**GDPは何年もほぼ横ばいで推移**しています。

高校レベルの経済学では、国が借金をして支出を増やすと、それ以上にGDPが増えることが期待できるとされています。分子の借金が増えたとしても、分母のGDPも増えるので、対GDPの借金比率は悪化しないとされているのです。しかし日本では、明らかにそうはなっていません。

ここまで説明してきたように、**政府はさまざまなマクロ経済政策を繰り出しましたが、状況を一変させるような劇的な効果はありませんでした。**

図表３-１　従来の積極財政出動は経済成長につながっていない

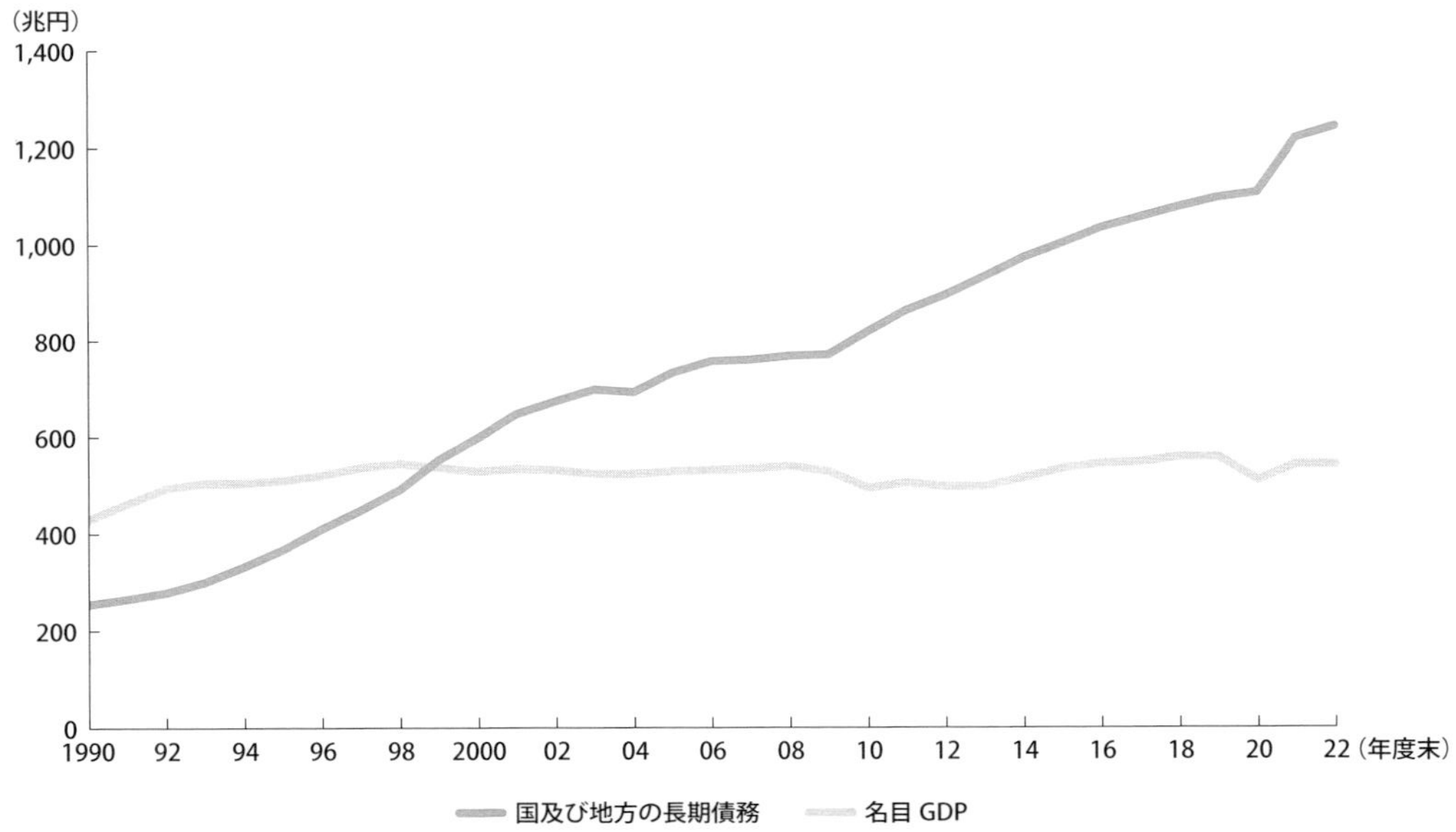

出所：財務省主計局データより筆者作成

結局、政府に依存することなく、私たち1人ひとりが自力で対応するしか、この人口減少という危機に立ち向かう方法はないのです。その**「対応策」こそ、本書のテーマである「給料交渉」**です。

実際、**政府の意向で給料が上げられるのは公務員だけ**です。もちろん公務員は日本で働いている人のごく一部でしかなく、それ以外の大多数は民間企業で働いています。この大多数の人々の給料を引き上げるには、民間企業の経営者を動かさなくてはいけません。

しかし、日本は社会主義の国ではないので、**政府が直接、民間企業に給料を上げるように強い圧力をかけることは不可能**です。

厳密には、1つだけ政府が民間企業の従業員の給料を強制的に引き上げる武器があります。それが**最低賃金**です。しかし、その唯一の武器である最低賃金を引き上げようとすると、中小企業の代表である商工会議所を中心に猛烈な反対の声が沸き起こり、なかなか政府の思惑どおりにことが進まないのが現実です。

結局、政府に何かを期待するのは、労多くして得るものが少ないので、自分の身は自分で守るしかありません。

さあ、あなたの出番です。何をどうするべきか、考えていきたいと思います。

「現状維持」では給料も現状のまま変わらない

第1章でご説明したように、日本の給料は諸外国に比べて異常に低い水準になってしまっています。

また、これから数十年にわたって日本では高齢者の数はほとんど減らず、税金の大半を納める現役世代（生産年齢人口）は減り続けるので、歳入が不足することになり、相次ぐ増税を余儀なくされます。このまま1人ひとりの給料が上がらなければ、あなたの手取り収入はよりいっそう、少なくなります。

いま説明した手取り収入が減るストーリーは、**実はすでにスタートしています。**

消費税率の引き上げがそれです。２０１９年の10月に消費税が10％に引き上げられたのは、記憶に新しいところかと思います。政府はこの引き上げにより、増大する社会保障費の負担の一部を捻出しようとしています。

手取り収入が減り、多くの人が貧困に陥ってしまいかねない事態を招いているのは、**日本人の多くが持つ「あるメンタリティ」が原因**となっています。そのメンタリティとは**「現状維持」**です。

そもそも人間という動物は、現状を維持することを好みます。なぜなら、現状を維持するほうが労力もかからず、かつリスクが小さいように感じるからです。また、人間がそもそも楽をしたがる動物であることも、多くの人が現状維持を好む理由です。

とくに**年齢が上がれば上がるほど、人は保守的になって変化を嫌う傾向が強くなります**。日本では国民の平均年齢が上がり続けているので、この傾向に拍車がかかっているように思います（平均寿命ではありません。人口全体の平均年齢です）。

統計を見ると、1960年の日本人の年齢の中央値は驚くほど若い25・4歳でした（図表3-2）。

いまより20歳以上も中央値が若かったのですから、1960年当時の街が若者であふれかえっており、いまとはまるで異なった風景だったことは想像に難くありません。そんな当時の様子を想像すると、高度経済成長の時代に日本で記録された驚異的な経済成長の統

図表3-2　日本人の年齢中央値は右肩上がり

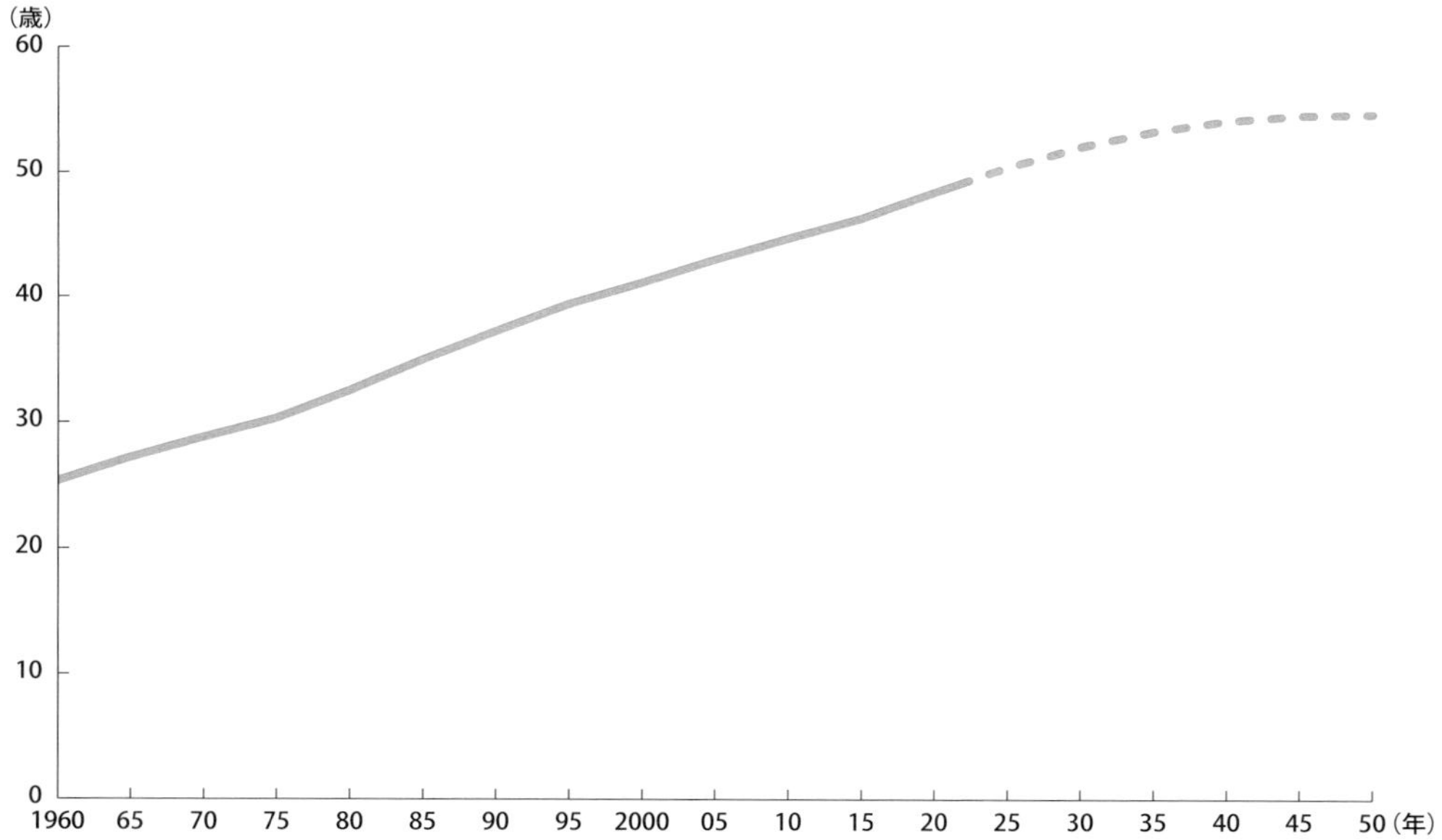

出所：Statistica データより筆者作成

計が、よりリアルに感じられます。一方、2020年の中央値は**48・4歳**です。

ちなみに、現在はアフリカ諸国の年齢の中央値が約18歳で世界でもっとも若く、アジアは約31歳です。ここで紹介した**48・4歳という日本の年齢中央値は、国別に見ると世界で2番目の高さ**です。

日本の場合、高齢化に加えて少子化で生まれてくる子どもの数が年々減っているので、年齢の中央値が上昇し続けています。このことも、国から活気を奪う要因の1つとなっているのではないかと感じます。

2050年にはさらに高齢化が進み、日本の年齢中央値は**54・7歳**になると予想されています。みなさんは、**日本に暮らし続ける以上、国全体の高齢化とも戦わないといけない**のです。

さて、現状を維持し、仕事のやり方や会社との付き合い方を変えなければ、実態は変わりません。実態が変わらない以上、給料が上がることも当然ありません。

言うまでもなく、いまの給料水準は「実態」の1つですから、当然、給料も現状のままで推移することになります。**仕事において現状維持を継続すると、給料が上がらず、生活はいま以上に苦しくなる**のです。

現状維持に甘んじてはいけない最大の理由は、やはり人口減少です。

人口が増加しているのであれば、企業活動の現状維持は可能です。何も変えなくても、消費者が増えて需要も増えるので、経済が勝手に成長して状況が改善されるからです。

英語では、「A rising tide raises all ships」ということわざがあります。直訳すると、「上げ潮は船をみな持ち上げる」となるでしょうか。

１９６０年以降の生産年齢人口が総人口に占める割合を図表2-8（71ページ）に示しました。１９６０年以降の日本は、個人消費の上げ潮が続いていました。

人口増加に合わせて消費者が増えたので、同時に需要も増えていました。ものが売りやすい時代だったので、まじめに働いてさえいれば、生活に困ることはありませんでした。

この当時は、**経営者たちにも余裕がありました**。法人企業統計調査などを見ると、本当に恵まれていたことがわかります。

当時は、労働組合の力がいまより強かったのは事実ですが、上げ潮の時代だったので、**労働者の要求に応えて給料を上げやすい時代だった**ことも間違いありません。

たとえば、住宅着工戸数の推移を見ればわかります。図表３-３にありますように、１９５１年には、着工戸数は21万戸でした。その後は右肩上がりを続け、１９７３年には１９１万戸まで激増。１９９６年まで、年間着工戸数は平均して１４３万戸を維持します。住宅が売れているときは、建設会社のみならず、電化製品などのさまざまな製造業の会社も潤います。

しかし、１９９５年に生産年齢人口が減り始めると、徐々に住宅着工戸数も減り始めました。２００９年には実に42年ぶりに１００万戸を切ります。

このように**生産年齢人口の増減と、さまざまな経済指標がリンクして動いている**様子は、たいへん興味深いといつも感じます。

人口は今後も確実に、大幅に減っていきます。ですので、**仕事のやり方や給料なども含めた企業活動を現状維持しようとすると、かならず無理が生じる**のです。

人口が激減するのが明らかになっているこの日本で、現状を維持しようとするのは、もはや甘えでしかありません。また、現状を維持しようというメンタリティを持ち続けることは、自分の首を絞めることに他ならないのです。

残念ながらこのことについての理解は、まったくと言っていいほど進んでいません。正

図表3-3　日本の住宅着工戸数

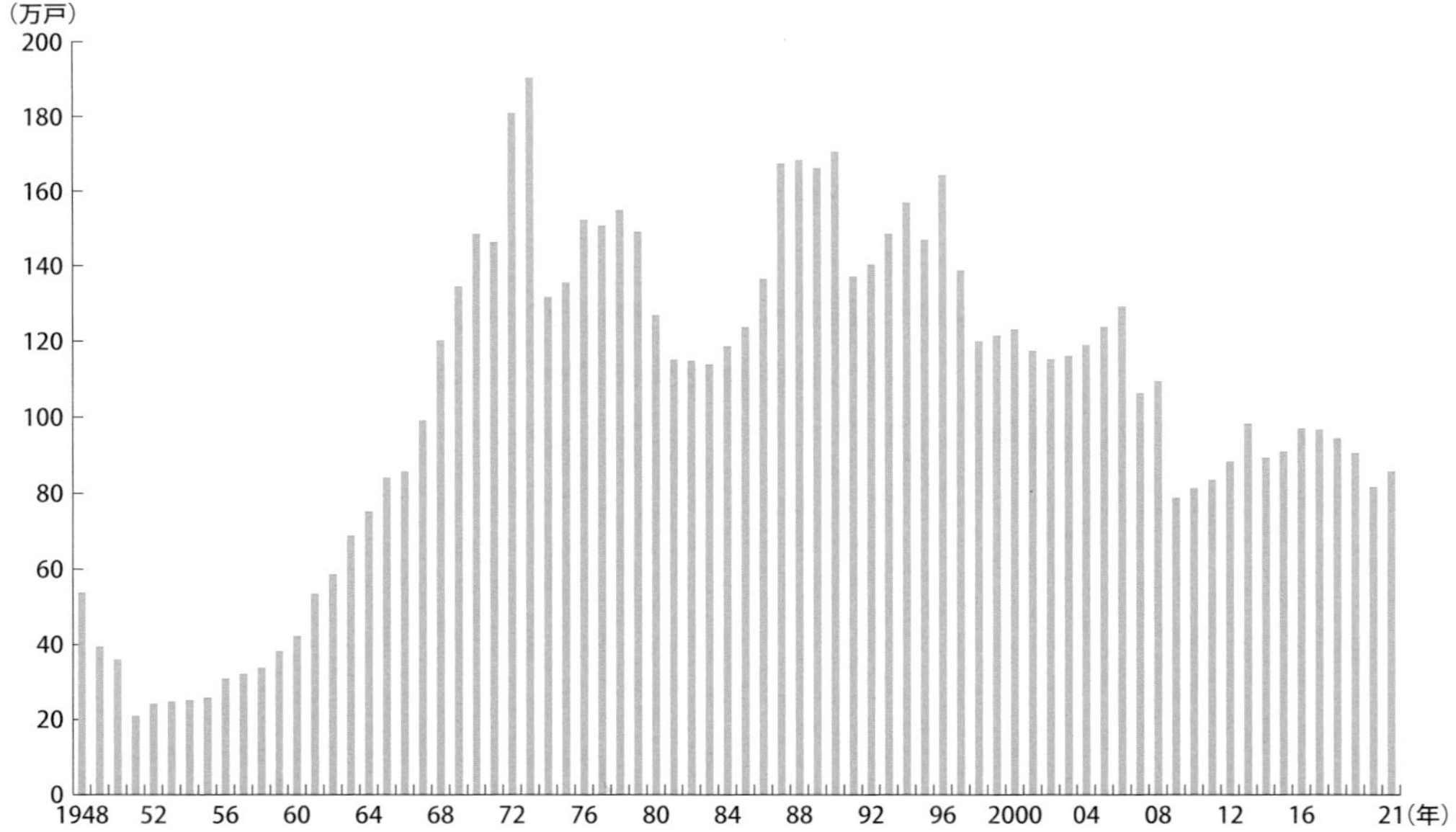

出所：国土交通省「建築着工統計調査 住宅着工統計 時系列表」より筆者作成

直に言って、行く末が心配でなりません。

人口減少で現状維持は不可能

そもそも高齢化の進展も人口減少も「社会の劇的な変化」です。現状維持が可能なわけがありません。このような劇的な変化に対応するためには、**産業構造もあなたの仕事も給料水準も、大幅な変化が求められるのは当たり前**なのです。

社会の劇的な変化には、**個々人の信条・生活・仕事のやり方を劇的に変化させて迎え撃つべき**です。それができないのであれば、あなたがいまの生活水準を守ることは不可能です。へたをすれば貧困に苦しむことにもなりかねません。

このことは、1人ひとりがしっかりと肝に銘じておくべきです。

何度も繰り返していますが、日本ではすでに人口が減少し始めており、上げ潮とは真逆の**「引き潮」の時代**に突入しています。引き潮の時代では、経済のパイはそう簡単には大きくなりませんし、経営側の余裕も乏しくなります。

人口減少の下では、経営者が高齢化しているのに加えて将来に明るい見通しも持てないので、どうしても保守的になってしまいます。積極的な投資を控えたり、コスト削減に腐心するようになるのです。同時に**給料に関しては、なるべく上げたくない**という気持ちが頭をもたげがちになります。

ある程度以上の年齢の方は、「来年は、今年売れた自動車の台数以上の自動車が買われるのが当然」という時代を覚えていて、いまでもあの「古きよき時代」を回顧することがあるかもしれません。しかし、そんな時代はとっくの昔に終わりを迎え、二度と帰ってくることはないのです。

放っておいて状況がよくなることは、もはや期待できません。ものが自然に売れて、自然に売上が増え、給料もそれらにつれて何もしなくても上げてもらえる時代は終わっています。

自ら働きかけて、より高い給料を勝ち取らなくてはいけないのが、いまの時代なのです。

選択肢は「海外」「給料交渉」「転職」「起業」の4つ

さてここからは、**収入を上げるためにあなたが何を心がけ、何をするべきなのか**を考えていきたいと思います。まずは、原点に戻ってみましょう。

人口減少と高齢化が同時に進行している日本では、政府は遠からぬ将来に歳入不足に陥り、増税せざるをえない状況に陥るのは確実です。

あなたはどうすればよいのでしょうか。

選択肢は４つです。

（1）海外に移住する

極論に聞こえるかもしれませんが、**人口減少と高齢化の問題が襲いかかってくる日本から「逃げる」**のが、最初の選択肢です。そのための方策の1つとして、海外に移住することが挙げられます。

アメリカなど人口減少の問題が深刻ではない国で、なおかつ給料水準が日本よりはるかに高い国に移住できれば、日本で起きる問題は容易に回避できます。

実際、海外在留邦人の数は、1989年の59万人から、2019年には141万人まで激増しました（図表3-4）。そのうち、女性の占める割合は70％にのぼります。

とはいえ、これは「言うは易く行うは難し」です。語学の問題や生活習慣、文化の違いなどがあって、移住に踏み切れる人はかぎられるでしょう。

では、国内で生活を続ける大半の人は、どうすれば収入を増やせるのでしょうか。大きく3つの方法が考えられます。

（2）給料交渉をする

「はじめに」にも書いたとおり、日本以外の先進国では、**自分がもらう給料を会社と交渉する**のはごく当たり前です。一方、日本では個人が会社と給料交渉するケースは非常に少ないと、リクルートワークス研究所の調査によって明らかにされています。日本では交渉する人が3割未満なのに対し、他の先進国では7割以上にのぼります。

図表3-4　海外で暮らす日本人は増加している

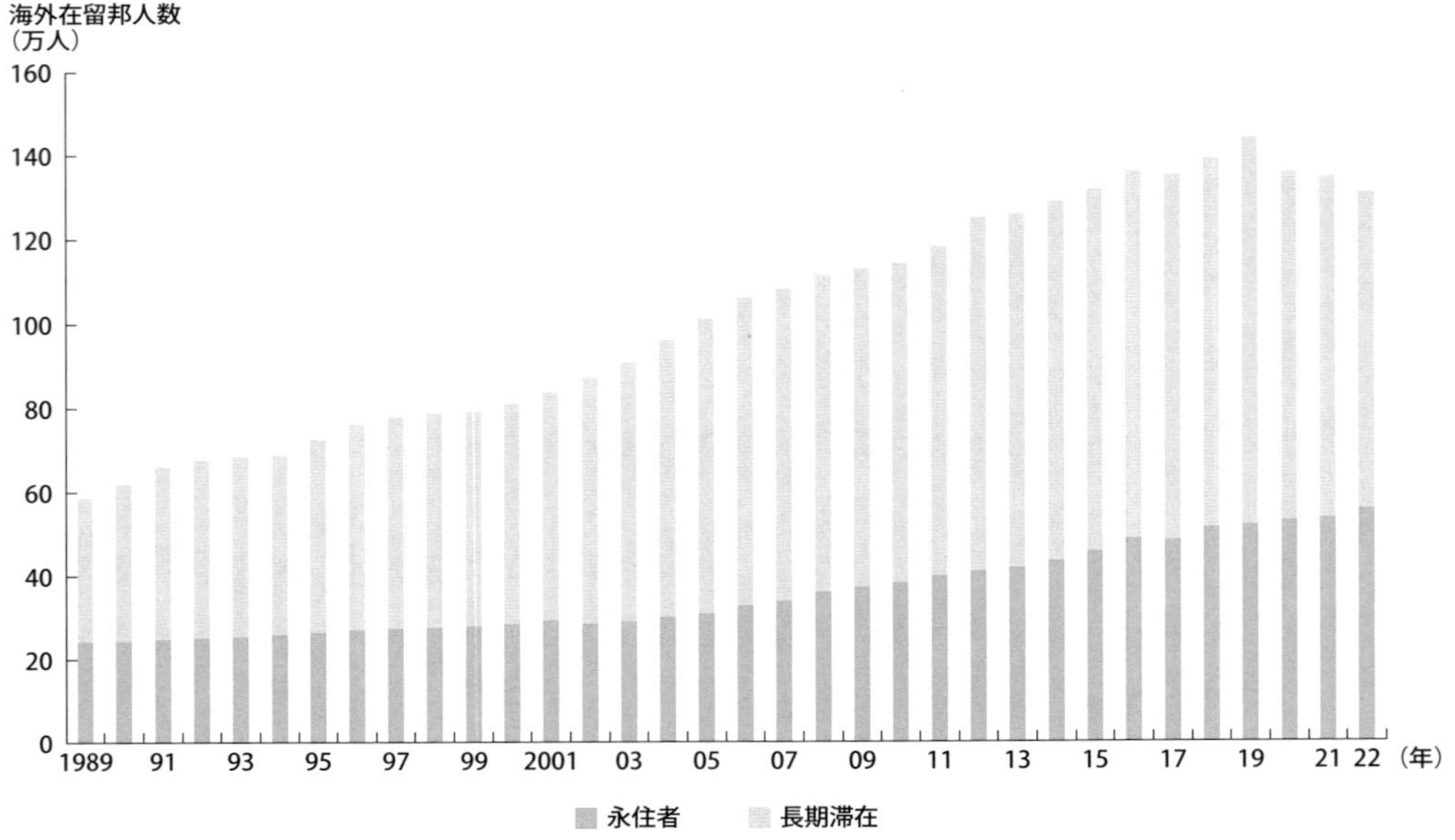

出所：外務省データより筆者作成

（3）転職する

会社と交渉をするには当然、労働市場における自分自身の給料相場を確認し、それをベースに話し合うべきです。交渉をしても希望する給料がもらえないようであれば、**適切な給料を支払ってくれる企業に転職する**べきです。

（2）と（3）の方法はあまりにも当たり前に響くため、人によっては「バカにされているのではないか」と感じる人もいるかもしれません。もちろん、みなさんをバカにするつもりは毛頭ありません。はっきり言って大まじめです。**統計を見ると、日本人の転職はあまりにも少ない**のです。

給料交渉にせよ、転職にせよ、一見単純なことのように思えるかもしれませんが、原点に戻ってまじめに考えると、実は奥が深いことがわかります。

（4）起業する

最後に残されている選択肢は、**自分で会社をつくる**ことです。

もちろん、起業してもうまくいかないリスクは小さくありません。しかし、国の支援も受けられるので、既存の企業の経営者にない発想の会社をつくって上手に経営すれば、いままでにない付加価値を生み出すことも不可能ではありません。

最近、若い層の人が起業にチャレンジするケースが増えていると聞きますが、彼らの気持ちはよくわかります。

給料は自然には上がらない

繰り返しますが、**給料は放っておけば自然に「上がる」性質のものではありません**。また、**政府が何らかの政策を実施したからといって、あなたの給料は基本的には上がりません。**

最近、ネット上では、「消費税を廃止すれば、給料が上がる」「政府が支出を増やせば、給料は上がる」「インフレになれば、給料は上がる」などと主張する、「評論家」を名乗る人が目立ちます。

しかし、**こんな荒唐無稽な主張をしているまともな経済学者は、世界中を見回しても1人も見当たりません**。経済のプロがこんなバカげたことを言い出したら、いい笑いものになり、一気に信頼と信用を失ってしまいかねないので当然です。

第8章でくわしく検証しますので、ここではこれらのバカげた主張が、願望的思考にすぎないと断言するだけにとどめておきましょう。

きわめて基本的なことで、あらためて言葉にするのも憚られますが、**給料というのは最終的に各企業のトップ、すなわち社長が判断し、決裁するもの**です。最低賃金以外の給料は、何らかの外部要因によって自動的に上がるものではありません。

私自身、小西美術工藝社の社長として、毎年社内の各部門の担当役員から上がってくる給料の提案を参考にしながら、調整のうえ、昇給に関する決裁を行っています。このように給料というものは、自然に上がるものではなく、**社長が人為的に上げるもの**なのです。

すでに説明したとおり、政府の政策によってあなたの給料が上がるわけではありません。政府にできるのは給料を上げやすい環境をつくることだけです。最低賃金以外、民間企業の給料を強制的に上げる権限は持ってはいません。こんなことは常識以前のことなので、誰でも少し考えればわかります。

たとえば、「子どもを産めば1000万円を支給します」と言って、子どもをつくることを後押しすることはできます。しかし、**最終的に子どもをつくるかどうかは個人の自由**です。強制的に「産め」という命令は政府にだってできません。

同様に、企業に対しても、**政府ができるのは賃上げを促進する政策を打って支援するところまで**です。実際に給料を上げるかどうかは、最終的に社長の判断次第なのです。

ちなみに、これは物価も同様で、自動的に上がるものではありません。日本銀行がどんな金融政策を実施しても、物価を思うがままにすることは絶対に不可能です。卑近なたとえを使うと、コンビニのおにぎり1つとっても、店員が値札を替えなければ値段が上がることはありませんよね。それと同じです。

テレビをつけるたびに、「原材料費が上がっても、価格転嫁ができないので、利益を削るしかない」と多くの人が言っているのを目にします。

当然です。価格は上げようとしなければ上がらないのです。価格は自然に上がるものではなく、**強い意志を持って人為的に上げるもの**なのです。

社長は「給料を上げたくない」のが普通

さて、給料が上がっていない状況で、インフレになり物価が上がってしまえば、多くの人の生活が苦しくなります。社員が苦しんでいるのを目の当たりにすれば、昇給を検討し始める社長も増えるかもしれません。

しかし、たとえば**物価が3%上がったからといって、それに応じて単純に給料を3%上げようとする社長は少ない**はずです。

世界のデータを見ても、インフレのときは給料も上がる傾向が確認できますが、物価ほどには上がらないのが普通です。

社長はさまざまな要素を考慮して、昇給幅を決めます。「とにかく社員の幸せがいちばんだ！」と考え、大盤振る舞いしてくれる社長も、血まなこになって探せば見つかるかもしれません。しかし、**できるだけ昇給を抑えたほうが利益を確保できるので、大半の社長はむしろ昇給幅を最小に抑えようとする**はずです。

社員の給料を増やすことに積極的な経営者というのは、きわめて稀な存在です。**「まじめにがんばっていれば、いつかは会社が期待に応えてくれる」などとは、間違っても思ってはいけない**のです。給料が30年間も上がっていない現実を見れば、それは明らかです。

「いや、あなたは外国人で、海外ではそのとおりかもしれないが、日本は、買い手よし、売り手よし、世間よしの『三方よし』の理念を大事にしている国だから、事情が違う」と言われるかもしれません。

たしかに「三方よし」の理念を大事にしている会社もあるかもしれませんが、そういう会社ですら「社員を大事にしている」とはかぎりません。

もし、「三方よし」の1つに社員が加えられているとしたら、そういう会社は間違いなくごくごく少数派です。でなければ、**海外では給料が継続的に上がっているのに、なぜ日本は横ばいのままなのか、説明がつきません**。また、「三方よし」の理念を大半の企業が大事にしているのであれば、なぜ企業の内部留保金が500兆円近くにまで膨れ上がっているのでしょうか。

ご自身が社長の立場になったことを想像して、考えてみてください。

これまた当然のことですが、企業経営は慈善事業ではありません。ですので、**役員もより多くの報酬を望むのが自然ですし、オーナーにしても同様**です。

とくに、日本では99・7%の企業が中小企業で、外部の株主のいないオーナー企業が大多数を占めています。こういう会社のオーナーたちにとっては、あなたの給料を上げるのは、会社の利益と自分たちの報酬を減らすことと同義です。

オーナーは**人件費をなるべく抑えて、より多くの利益を確保したい**と考えます。

もちろん、長期的な視点を持ち、優秀な人材を確保するため、社員をできるだけ厚遇しようとするオーナーも存在します。しかし、そのように社員の幸福を真っ先に考えてくれているオーナーは、残念ながら統計データから判断すると、きわめて少数派だと言わざるをえません。でなければ、こんなに長い期間、みなさんの給料が一向に上がらない状態が続くはずはないのです。

日本では、そういった慈善事業的な企業を1社でも見つけると、「ほら、日本の企業は海外と違う」「三方よしだ！」と、358万社もある中小企業すべてにあてはまる話であるかのように一般化する傾向が強いようです。

稀なケースを一般化することを「合成の誤謬」と言います。合成の誤謬かどうか、単なる例外なのかそうでないのかを確認するためは、**全体の統計を見て再検証する**しかありません。

日本では、このような「合成の誤謬」がいたるところで、まことしやかに語られているのを目にします。その様子は「合成の誤謬」大国と呼んでも差し支えないほどです。

このように日本が「合成の誤謬」大国になってしまったのは、マスコミの責任が大だったと感じています。

ちなみに、上場企業の場合、利益は株主のものです。株主のほとんどは外部の投資家なので、労働者の給料を上げたとしても、雇われ役員にとっての直接的なマイナスは生じません。

外部の株主の声が大きければ、役員たちは利益至上主義になるかもしれません。しかし、それでも外部の人はあくまで外部なので、賃上げという企業の経営マターに対する影響は限定的です。

そのため、**外部株主がいるかどうかは、賃上げの判断に大きな違いをもたらします**。中小企業の場合、とくにオーナーが役員であれば、社員の賃上げはオーナー自身の損失とリンクするので、より神経質になると考えられます。

要するに、**オーナーにせよ役員にせよ、みなさんの給料を積極的に上げようとする人はきわめて稀**なのです。

結局、**昇給幅の決定にいちばん大きな影響を与えるのは、社員がどれだけ熱心に昇給を要求するか、上がらなければ転職する人がどれほどいるか**なのです。

経営者は、昇給幅の大小によって**どれだけ退職を防ぎ、会社にとって有用な戦力をキープできるか**も考慮します。

昇給幅が小さすぎると、会社の戦力として有力な社員が辞めてしまうリスクが高まります。実際に彼らに辞められてしまうと、会社にとって大損害になるので、**彼らの要求水準が昇給幅を決める重要な要素になります。**

逆に、**昇給幅が小さくても辞めないならば、その社員の本来の価値より低い給料で雇い続ける**ことが許されます。このようにして生じた相場とのギャップは、社長や経営陣の利益になるだけです。

会社との関係をとらえなおせば給料は上がる

そもそも給料というものは、総理大臣や経団連が何かを言うから上がるという性質のものではありません。**あなた自身が経営者に要求して上げてもらうべきもの**です。

あなたの要求に応えるか否か、経営者は判断を強いられます。その際に、あなたの要求に応じる価値を経営者が見出せば、要求が通り、賃上げが実現されることになります。

政府が口を挟めるのは、最低賃金だけです。最低賃金で働いている労働者は、最低賃金が引き上げられれば、他人任せにしていても給料は上がります。場合によっては、経営者は最低賃金で働いている人だけでなく、もう少しだけ高い給料で働いている労働者の給料も上げるかもしれません。

私が、日本の経営者は世に言われるほど「三方よし」ではないと断言するのは、**中小のオーナー企業の代表である商工会議所がかならず、最低賃金の引き上げに反対する**からです。

日本の最低賃金は世界的に見て、非常に低水準です。それでも、最低賃金の引き上げに反対する中小企業が多いことには本当に驚かされます。

よくよく考えてみると、日本では多くの人が「景気さえよくなれば、経営者たちが給料を上げてくれる」と思い込んでいるのは、なぜなのでしょうか。

聖人のように従業員の利益を考えて、自分の利益を顧みずに還元してくれる経営者も世の中にはいるかもしれませんが、そんな人は超のつく希少生物です。**ほとんどの経営者はあなたと同じ普通の人間で、自分と家族の利益が最優先で、従業員のことは後回し**です。

実際問題、小泉政権以降、正社員より圧倒的に安い給料でこき使える非正規雇用者が増やされ、いまや労働者全体の4割を占めるまでになっているのです。この現実を考えると、世の経営者が労働者の存在を著しく軽んじていると言わざるをえません。

いくらの賃上げを要求するべきか

では、私たちはどのくらいの賃上げを要求するべきなのでしょうか。

これから2060年まで、高齢者が減らないのに納税者は減ってしまうという状況下で、負担増に耐えるためにはどの程度給料が上がる必要があるのかを考えてみたいと思います。

給料アップは、日本では**「定期昇給」**と**「ベースアップ」**の2つの仕組みを組み合わせて実施しているケースが一般的です。

定期昇給は年齢や勤続年数に応じて、主に年に1回給料が上がる制度です。多くの日本企業で年功賃金制度のもと、長く採用されてきました。

バブル崩壊以降は昇給制度もさまざまに変化し、定期昇給を制度として採用しない企業も増えましたが、それでも、一般的に年齢を重ねると労働者の給料は上昇します。**年齢を重ね経験を積むことにより徐々に実力がついたり、人脈が広がったり、スキルの幅も広がったりするので、制度として年功序列がなくても給料は上がる**からです。この点に関して「日本は海外と違う」という人もいますが、実は海外でも状況はまったく同じです。給料の上昇は、だいたい50代前半まで続きます。この傾向も、海外も日本も同じです。図表3-5にある厚生労働省のデータで見ると、日本では52歳で給料がピークアウトしています。その間の給料の引き上げ幅は、平均すると**年率2・8%**です。

このように、1人ひとりの給料は少しずつですがとりあえず増えるので、「自分の給料は上がっている」「賃上げされている」と思うかもしれません。そのため、従業員に対する待遇が改善されていると感じる人が多いのですが、**これは誤解です。**

なぜなら、**会社にとっては、人件費は増えてはいない**からです。あなたは給料が上がったと思っても、会社の人件費の負担は増えていないので、**「賃上げ」にはなっていない**のです。

どういうことか、少しわかりづらいので、簡単なモデルを使って説明します。

ある会社で、毎年1名の社員を採用しているとします。新入社員は20歳で入社し、誰1人退職することなく、全員が60歳の定年まで40年間働き続けると仮定します。

この会社の初任給は月額20万円で、60歳の定年の年まで、毎年2%の定期昇給が行われ

図表3-5　日本人の平均給料は52歳でピークアウト

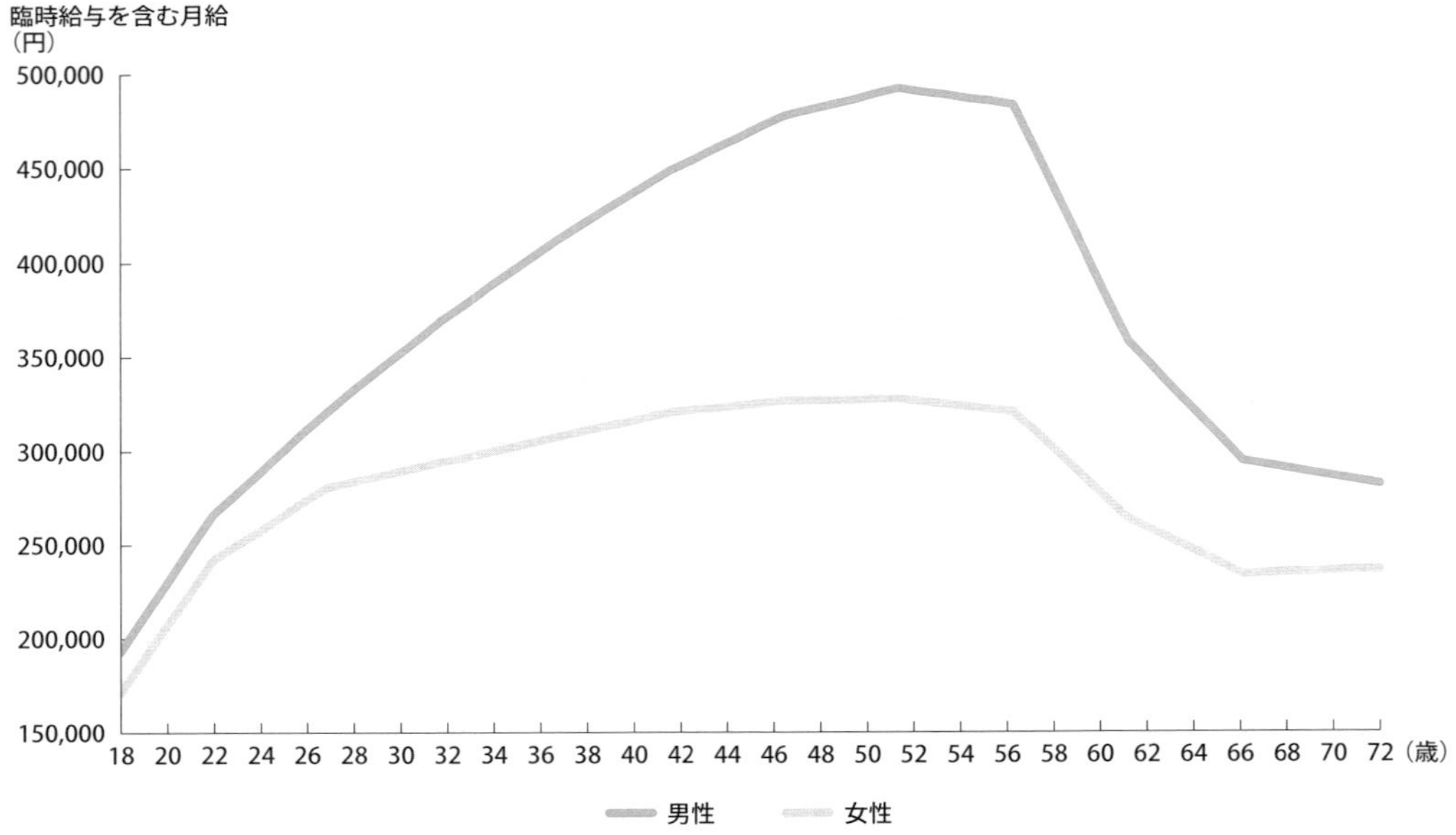

出所：厚生労働省「賃金構造基本統計調査」(平成30年) より筆者作成

たとします。すると、60歳の人の月給は44万1608円になります。月給の平均は30万5415円で、1年間の人件費の総額は1・5億円です。

この場合、個人から見ると、歳をとるごとに毎年2%の賃上げが実現しており、人件費は増えているように見えます。しかし、これは**完全な誤解**です。

年齢が60歳に達した人が退職した後、エスカレーターのように、今度は年齢が1つ下の人が44万1608円の月給をもらうようになります。同じように各年齢層で1年ごとに昇給しますが、その給料をもらう人が替わるだけなので、**会社の負担する人件費の総額はまったく変わりません**。この仕組みのうえでは、個々人の給料は増えますが、この会社で働いている人全員の給料の平均値は30万5415円のままで上がっていません。もちろん、会社が負担する人件費も1・5億円のままです。

つまり、**あなたの給料が毎年2・8%ずつ上がったとしても、それを本物の賃上げだと誤解してはいけない**のです。それは、年齢ごとの当たり前の成果にすぎないと考えるべきです。社長の「あなたの給料を2・8%上げました」という発言はまやかしです。会社としての負担は増えていないのですから。

初任給に注目しよう

これと同じことが日本中の会社で行われた結果、先ほど紹介したように給料は年平均で2・8％上昇してきたのですが、これはけっして本当の賃上げではありません。

本当の賃上げとは、あなたの給料が毎年上がることではありません。先の例で言うと、あなたの先輩が25歳のときにもらっていた給料よりも、あなたが25歳でもらう給料のほうが高くなったら、それこそが本当の賃上げなのです。

本物の賃上げは、同一条件でのベースアップです。「ベースアップ」は、読んで字のごとく、各社の定めている基本となる給料の水準を上げることです。先ほどの例で1％のベースアップが行われると、月額20万円だった初任給が20万2000円になります。

私は、**初任給の推移が、賃上げがされているかどうかの簡単かつ重要な指標になる**と考えています。

データを確認すると、初任給の上げ幅は非常に緩やかなのがわかります（図表3-6）。

図表 3-6　日本の初任給の上げ幅は非常に緩やか

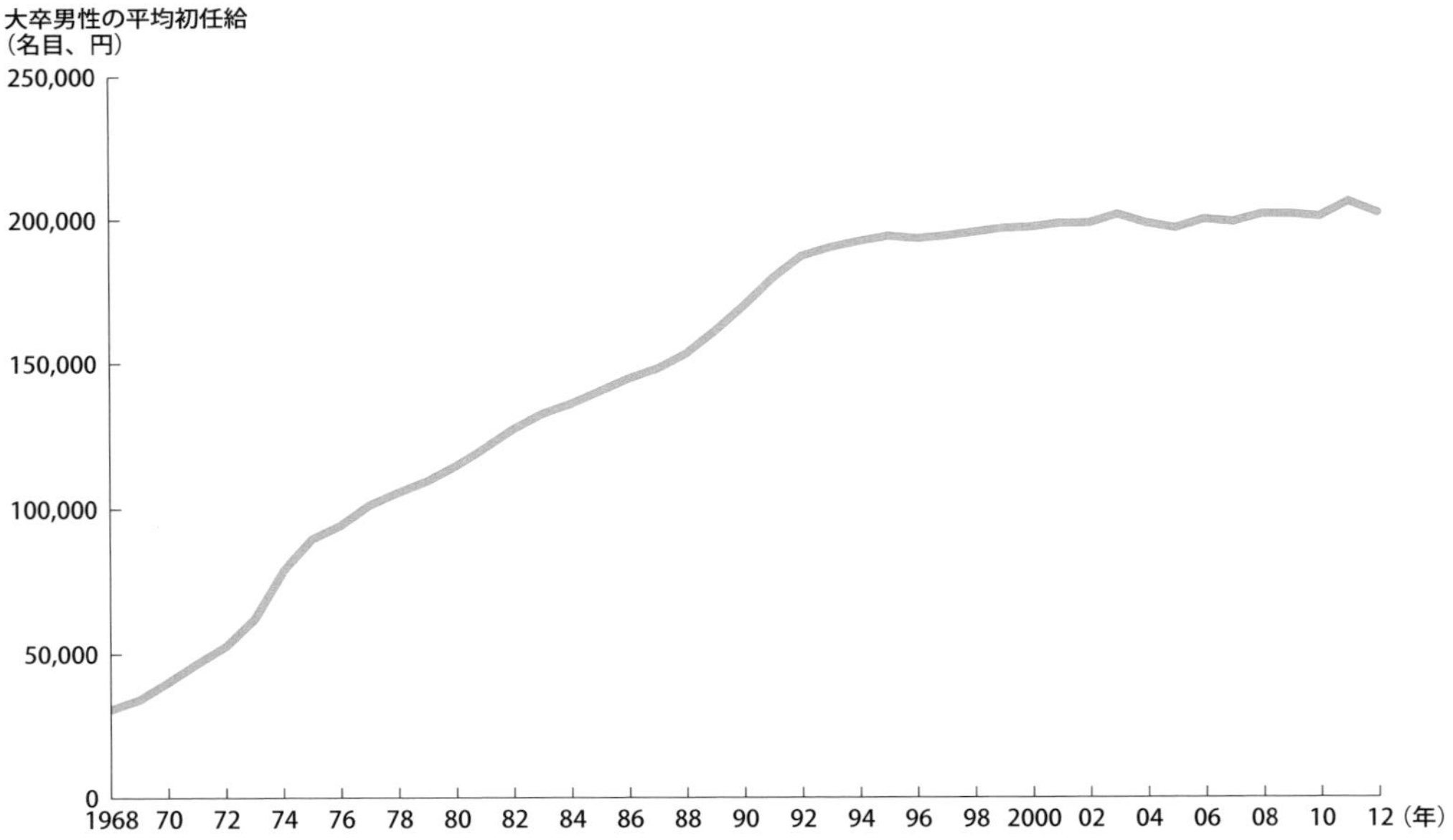

出所：厚生労働省「賃金構造基本統計調査」より筆者作成

生産年齢人口がピークを打った1995年から2019年までの間に、**初任給は年率でたったの0・38%しか上昇していません**。

このように、初任給のデータは日本経済の低迷を雄弁に物語っています。また、**個々の企業の初任給の推移は、その企業の昇給に対するスタンスを示す、きわめて重要なデータ**だと言うこともできます。

52歳まで毎年4・2%の給料アップ

さて、人口減少を踏まえて、私たちがいくらの賃上げを求めるべきかという検討に戻りましょう。

日本全体の人口動態に基づいて計算すると、2060年までの負担増に耐えるためには、**年1・4%のベースアップが必要である**ことがわかります。この数字を導き出すのは少し複雑なのですが、できるだけ簡単に説明してみたいと思います。

日本経済のGDP約550兆円を、いまの生産年齢人口の7416万人で割ります。すると550兆円／7416万人＝742万円となります。これが、1人あたりの労働生産性です。

では、同じ550兆円のGDPを2060年まで維持するためには、1人あたりの労働生産性をどれだけ高めなければならないのでしょうか。それを計算するために、550兆円を2060年の予想生産年齢人口で割ります。2060年には生産年齢人口が4418万人まで減ると予想されているので、550兆円／4418万人＝1258万円となります。

この水準に達するには、労働生産性は年率1・4%伸び続けなくてはいけないのです。

労働分配率が一定だとすると、給料も労働生産性が上がる分と同じペース、すなわち年1・4%ずつ増えないと、高齢者負担の増加には対応できません。それ以下だと、給料が上がらない分だけ貧乏になるのです。

つまり、定期昇給が止まるまでの間、すなわち52歳までは、先ほどの**2・8%の定期昇給と1・4%のベースアップを合わせた、合計4・2%の給料アップが必要**となるのです。そうしないと、2060年までの負担増に耐えることはできません。

そうすると、会社には毎年、最低4・2%ずつ給料を上げるように求めるべきだという結論になります。「最低」という言葉を使ったのは、途中インフレになり物価が上がったら、4・2%では十分ではなくなるためです。その場合は、**4・2%にインフレ率を合わせた引き上げを求めるべき**です。

別の視点から解説すると、**定期昇給に関係がない初任給が毎年、1・3%ずつ伸びる必要がある**ということです。計算すると、初任給は2030年に25万円、2040年に28万円、2060年では38万円になります（図表3-7）。

日本では一般的に若い層の収入が低く抑えられる傾向にあります。そのため、若い層は経済的な余力があまりありません。しかし、消費性向は高いので、国の経済を活性化するという意味でも、初任給が着実に伸びることはきわめて重要です。

経済全体からすると、給料が定期昇給分だけしか伸びないと、人口が横ばいに推移した場合、所得の総額は変わらないので、経済は成長しません。

給料が定期昇給分だけしか伸びないのに所得総額が増えるのは、人口が増加した場合だけです。この場合は、所得の増加に呼応して消費が増えるので、経済が成長します。

図表 3-7　2060 年の初任給が 38 万円になる程度の賃上げが必要

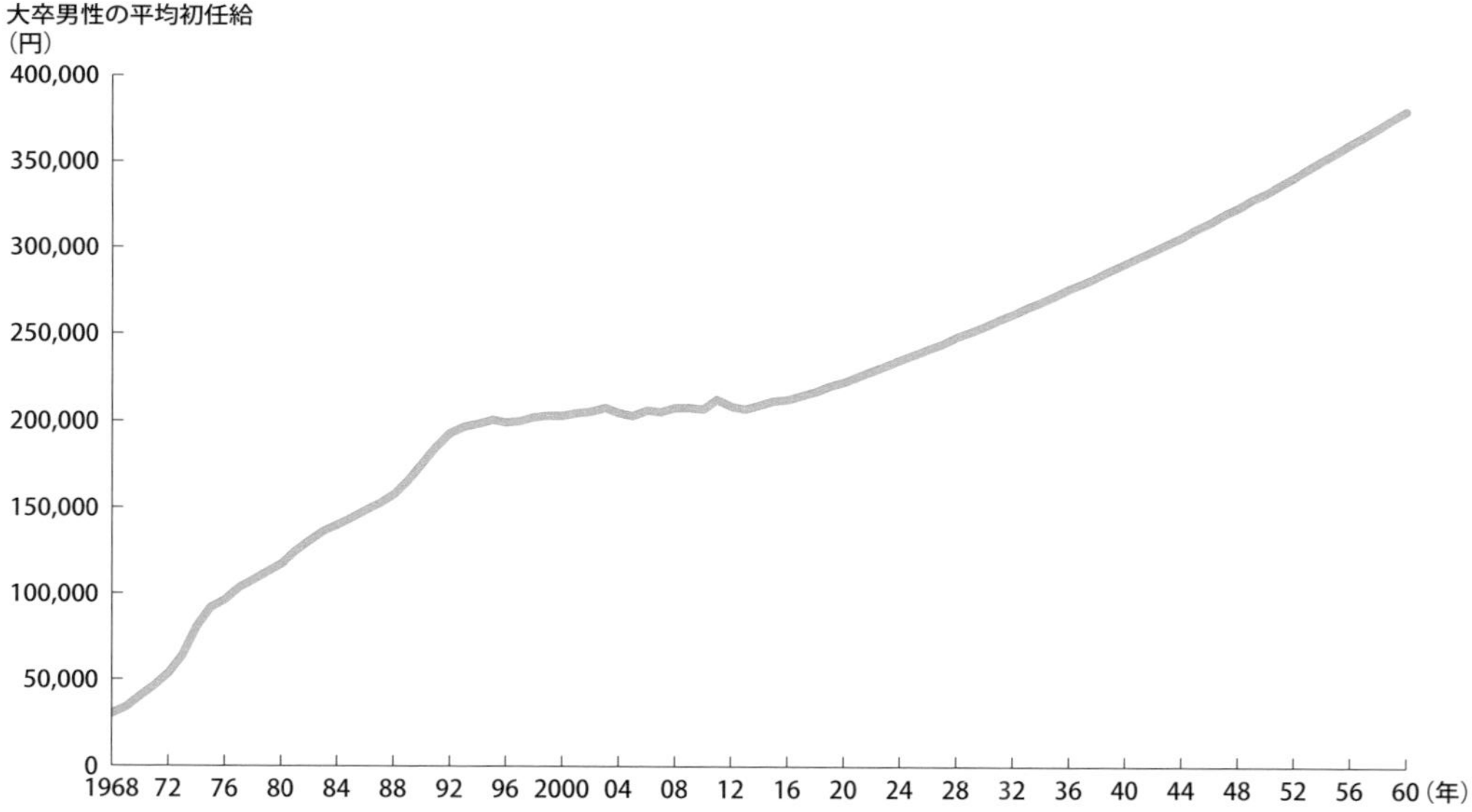

注：2020 年以降は筆者計算
出所：実績は厚生労働省「賃金構造基本統計調査」より筆者作成

逆に、**人口が減っている国では、給料が定期昇給分だけしか伸びないと、所得総額は減少します**。これは経済の縮小を意味します。だからこそ、賃上げが重要なのです。

転職しても賃上げ要求は避けられない

先ほど説明したとおり、給料を上げてほしいと思っている従業員と、給料を抑え、なるべく多くの利益を確保したいと考える経営者やオーナーとでは、利害が一致しません。そのため、仮に景気がよく経営状態が良好な場合でも、経営者たちが賃上げの要求をすんなり受け入れることは稀です。

ですので、**4・2%の賃上げ要求をしても、話し合いがつかない場合、あなたには転職するしか選択肢はなくなります**。ここで言う転職とは「いま働いている会社を辞め、新しい職場に替わる」という広義の意味ですので、他社に移る場合だけではなく、自身で会社を興す「起業」も含みます。

起業ではなく既存の会社に転職する場合、できるだけ多くの企業を訪れて面接を受けるべきです。面接の回数が増えれば面接のスキルが上がりますし、労働市場の生の声を聞くこともできます。どうしても働きたいと思う会社の面接ばかりを受けるのはよくありません。**幅広く面接を受けるべき**です。

転職はあなたにとってリスクでもありますから、**いまの会社でもらっている以上の給料をもらうのは当然**です。転職が多い国では、10～20％以上高い給料をもらうのが普通になっています。

転職する際には、**新しい会社の経営者と交渉をして、お互いに納得のいく処遇を決めるプロセス**は避けて通れません。また、仮にあなたの実力が認められスカウトされ、三顧の礼をもって迎えられたとしても、**毎年、給料の交渉をしないといけなくなるのは、転職をせずに同じ会社に勤め続ける場合と同じ**です。

転職する場合でも、いまいる会社と給料の交渉をする場合でも、自分自身の市場価格を知っておく必要があります。自分の市場価格を知るには、転職サイトを頻繁にチェックしておくことが役に立ちます。

さまざまな業種をチェックし、どういうスキルを持っている人に対して、どれだけの給料が支払われているのかを把握してください。仮に**あなたにも同様の仕事ができるのであれば、その給料を基準に会社と交渉するべき**です。

交渉は「喧嘩」ではなく「前向きな話し合い」だ

私はイギリス人ですが、長年日本に暮らしているので、多くの日本人が面と向かってのもめ事を嫌う傾向が極端に強いことは重々承知しています。

面と向かってのもめ事を避けてストレスがたまるから、給料に関する不満をネットに書き込んだり、飲み会などの場で同僚同士で愚痴を言い合ったりする人が多いのではないかとも推察しています。

いずれにせよ、**決定権を持つ経営者に直接賃上げを訴える人は、日本では少数派**なのは事実でしょう。

従業員から直接賃上げの要求がされないのをいいことに、この30年間、**多くの経営者が社員の給料を上げる努力を怠っています。**私に言わせれば、**経営者たちは甘えている**にもほどがあるのですが、**彼らの甘えを許してきた従業員にも責任がある**と言わざるをえないとも思います。

私は何も、かつて日本でもそうだったように「労働組合を組織して、ストライキも辞さずに賃上げを求めよう」などと言っているわけではありません。**何も言わずに経営者を甘やかすのはやめて、せめて海外並みにプレッシャーをかけよう、**というのが私の言いたいことです。

では、海外では給料交渉はどのように行われているのでしょうか。私が長年勤めたゴールドマン・サックスでは、給料に関して事前の個別交渉はしていませんでした。**1年に1回、給料を伝えてくれる個別の面談があり、その場で翌年の給料を知らされる**のが習わしとなっていました。

金額に関して満足できない場合、不満を訴えることは可能でしたが、だからといって給料が変わることは基本的にはありませんでした。

本人の希望と会社側の考える妥当な給料にギャップがある場合、役員が**理由を説明**してくれます。年によっては、翌年反映させるという約束をしてくれたときもありましたが、その場合でも、翌年どういう成果を出す必要があるかを伝えられました。このことに関しては、次の第4章以降でよりくわしくご説明します。

この場の話し合いで、自分自身が考えている会社への貢献度合いと、会社が考える自分の価値の違いが明確になりました。

その違いの大きさに落胆したり、会社の提示するハードルの高さにショックを受けて、会社を去った人も実際にいました。

このように従業員と経営側が給料に関して話し合うことにより、**個々の従業員がどの程度の給料を希望しているか、その希望に応えるには、会社としてどのような仕事をさせなくてはいけないか、経営側も真剣に考えざるをえなくなります。**

会社は従業員の希望を共有したうえで、キャリアプランニングをし、研修もさせます。

このようなプロセスを経ることによって、**会社側の都合の押しつけだけでなく、従業員の希望も合わせた調整が可能**になっていました。とても建設的なシステムだったと思います。

私は日本企業に労働者として勤務した経験はありませんが、多くの人のお話を聞くかぎり、**日本の会社は従業員を駒として考え、会社の都合を中心に人事の設計がなされている**印象を受けます。

ある特定の人が部長になるのを希望しているので、その人が部長になるためのキャリアプランニングを実行するというより、**会社側が一方的に特定の人物を選んで部長職につけている**のが現実ではないでしょうか。従業員側はかなり受け身になっているように思います。

会社側が個々人の要望を聞く機会がなかったり、従業員が自分の希望を率直に伝えるのをためらう雰囲気が会社内にあれば、会社側が一方的に人選せざるをえなくなるのは当然です。

もちろん、日本には約３６０万社も会社があるので、すべての日本企業がそうだとは思っていません。しかし、**会社都合の人事が行われている会社がかなりの割合を占めている**とは思います。

自分自身が会社勤めをしているときは、とくに強く意識したことはありませんでしたが、振り返って考えてみると、**1年に1回、経営者と社員がひざ詰めの面談を行い、従業員側の希望や要望、そして不満を聞きとったり、給料を伝えたうえで、その給料をもとに意見**

交換をすることは、非常に大事なプロセスだったとあらためて思います。

会社に対する忠誠心を捨てる

ここで大切なことは、自分の要望を伝えるにあたり、**経営者に「この従業員は転職する可能性がある」と思わせる**ことです。それがないと、願望を述べただけになってしまいます。**あなたが辞めてしまうかもしれないとまじめに受けとめて初めて、会社はそれを引き留めるために、賃上げを真剣に検討する**のです。ですから、あなたにも「場合によっては辞める覚悟」が必要です。

日本では、「雇ってもらった会社を辞めることは会社に対する裏切りである」と考える人が多いと聞きます。私はイギリス人ですが、私も最初の会社を辞めたときには、まったく同じ思いに苦しみました。

雇ってもらったうえ、給料をもらい続けた会社を裏切ることになるのではないか。それだけではなく、毎日一緒に仕事をしていた同僚や得意先をも裏切ることになるのではないか。そんな思いが、頭から離れませんでした。

会社に辞職する意向を伝えたときにも、そういう私の気持ちを見透かしたかのような説得が行われ、決心が揺らぎそうになりました。

そんな私に、自身も会社の経営者だった父がくれたアドバイスが忘れられません。父はこう言いました。**「あなたには会社に対する忠誠心があるかもしれないけれど、会社にはあなたに対する忠誠心はない。だから、決心を変えずに辞めなさい」**

加えて、父はこうも言いました。

「あなたはいま勤めている会社の経営者でもなければ、オーナーでもない。経営者はあなたを引き留めるために、あなたの忠誠心を利用し、決心を鈍らせるために綺麗ごとを並べるだろう。しかし、その言葉に彼らの真意はない」

「どんな会社であっても、あなたが辞めたらかならず代わりを務める人間が現れるので、会社は問題なく存続する。自分は会社にとって不可欠だというような、自身を過剰に評価する考え方はやめなさい」

父の世代では、イギリスにも生涯同じ会社で勤めあげる文化が存在していました。しかし、その後の世代ではそうした風潮は姿を消しました。

会社に対する忠誠心の話になると、「日本は終身雇用だから海外とは事情が違う」とよく言われるのですが、**いつの時代のどこの国の話なのかを特定しないと、そもそも比較が成立しません。**

実際問題、ひと昔前と違って、いまでは日本でも終身雇用が制度として成立しなくなってきています。**そんな時代に、いつまでも会社に対する忠誠心を持つ必要などありません。**

私自身、ゴールドマン・サックスの役員になってから、さまざまな人が入ってきては、去っていくのを見てきました。残ってほしい人を引き留めるために、時には彼らの忠誠心をくすぐるような言葉を戦略的に使って説得したこともありました。

とはいえ、その人たちが去っていった後には、父に言われたとおりに、翌日から新しい人を探していたのも事実です。1週間も経てば、その人の存在すら忘れていました。

会社というのは永続することが前提となっている組織ですので、**私たち1人ひとりは会社にとって不可欠な存在にはなりえません。**単に、在職中にかぎって「自分は不可欠な存在だ」と勘違いしているにすぎないのです。

そもそも、昔はともかく、**いまの日本の企業はすでに、従業員に忠誠心を求める資格を失っている**ように思います。

小泉政権での構造改革の後、**非正規雇用者の比率が激増**しました。その結果、経営者は**非正規雇用者との契約を解消すれば、簡単に人を減らすことができる**ようになりました。

また、ここ数十年にわたって、**日本の企業は、正規・非正規を問わず給料を上げずに、利益を増やし、内部留保金をため込んできました**。

これがまごうことのない、ここ何十年間の日本企業と従業員の関係です。ここのどこに「三方よし」の精神が残っていると言うのでしょうか。「内部留保金をため込んでいるのは大企業だけだろう」という人がいますが、それは違います。**内部留保金は大企業のみならず、中小企業でも激増している**のです（図表3−8）。

経営者にとって、**従業員の忠誠心が強ければ強いほど経営が容易**なのは間違いありません。従業員が辞めなければ、中途採用で新しい人を探す努力をする必要もなく、給料を引き上げる圧力も弱くなります。また、キャリアプランニングを個々の従業員に合わせる動機も薄れます。

図表3-8　中小企業の内部留保も激増している

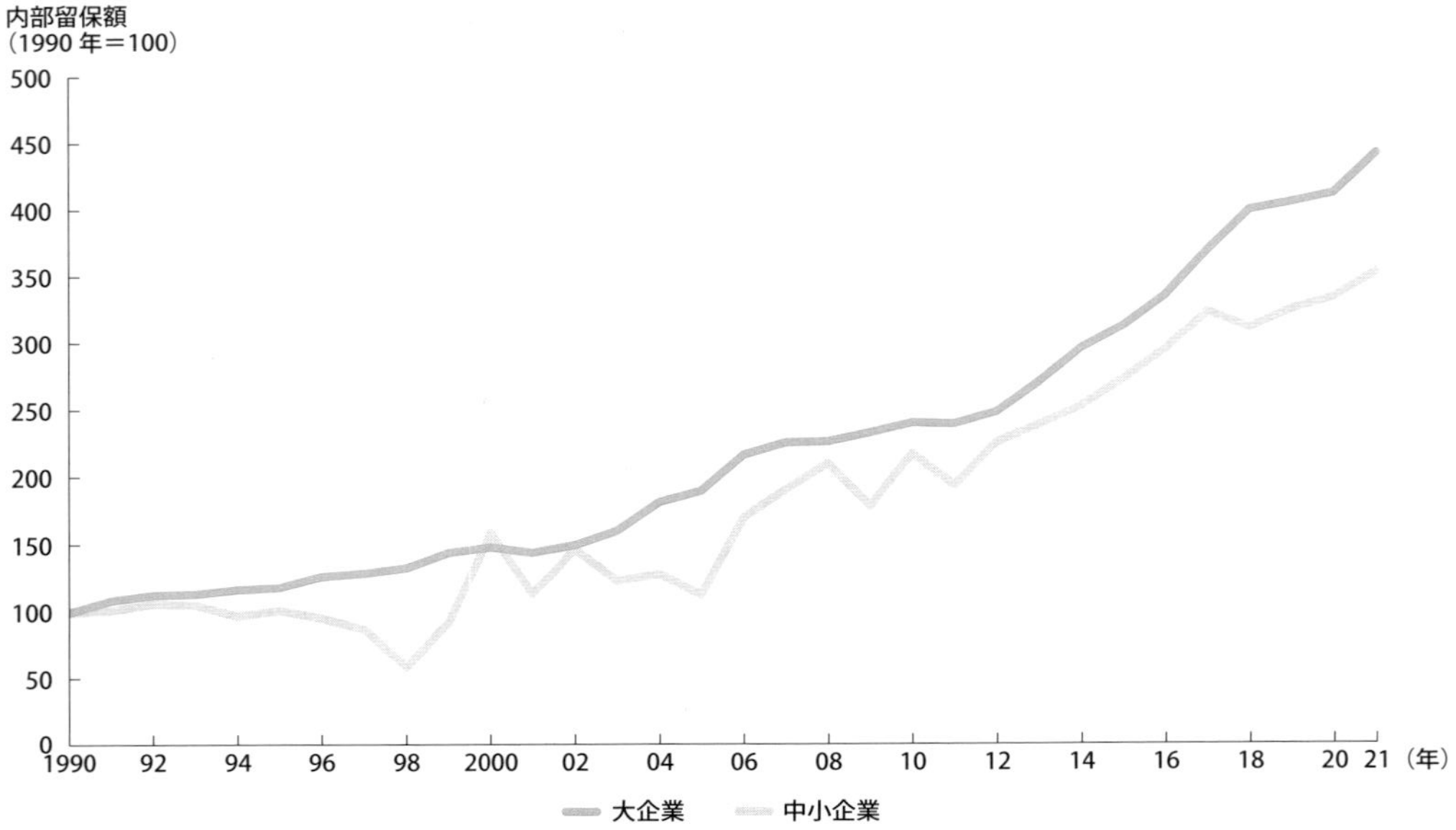

出所：財務省「法人企業統計調査」より筆者作成

忠誠心は、給料アップのためには不要です。いたずらに忠誠心を示すべきではありません。

1人でも多くの社員が、経営者に「いつ転職してもおかしくない」と思わせること。それこそが、経営者への最大のプレッシャーになるのです。

経営者が賃上げ要求を「飲まざるをえない」わけ

このような説明をすると、「そんなことをしても、経営者が賃上げに応じるなんて想像できない。机上の空論ではないか」と言われることがあります。たしかにここ数十年、多くの日本企業では賃上げが行われていませんので、そう感じてしまう気持ちもわかります。

ですが、**いま日本に起きている激変は、実は働く人にとって有利な面もある**のです。

人口が減れば減るほど、資源としての労働者は希少になり、価値が上がります。それにともない、労働者が受け取るべき給料は間違いなく上がります。価格というのは、長期的には需要と供給のバランスで決まる部分が大きいので、供給が減れば当然、価格は上昇します。これはモノやサービスだけの話ではなく、人件費にも当てはまります。

上がった価値に応じて、**給料を上げられない企業は、労働者から選択されにくくなり、雇用ができなくなる**ことが予想されます。

こういう状況になることは、実際の数字を当てはめて考えてみれば、より現実的なものとして理解しやすくなります。

生産年齢人口は1995年以降、2021年までに1299万人も減っていますが、企業はまだ、それほど危機感を覚えていません。それは、労働参加率が上がっているからです。つまり、生産年齢人口が減っているのに、仕事をする人は増えているのです。

しかし、図表3-9にありますように、**就業者数はすでに、生産年齢人口にきわめて近い水準に到達しています。これからは天井が下がってくるので、どの企業も人口減少を痛感する**ことになります。

具体的には、生産年齢人口の7416万人に対して、いまの就業者数は約6700万人となっています。2030年になると、生産年齢人口は6773万人にまで減りますので、遅くともその前後には就業者数も純減に転じるでしょう。

図表3-9　人を雇えなくなる時代が迫っている

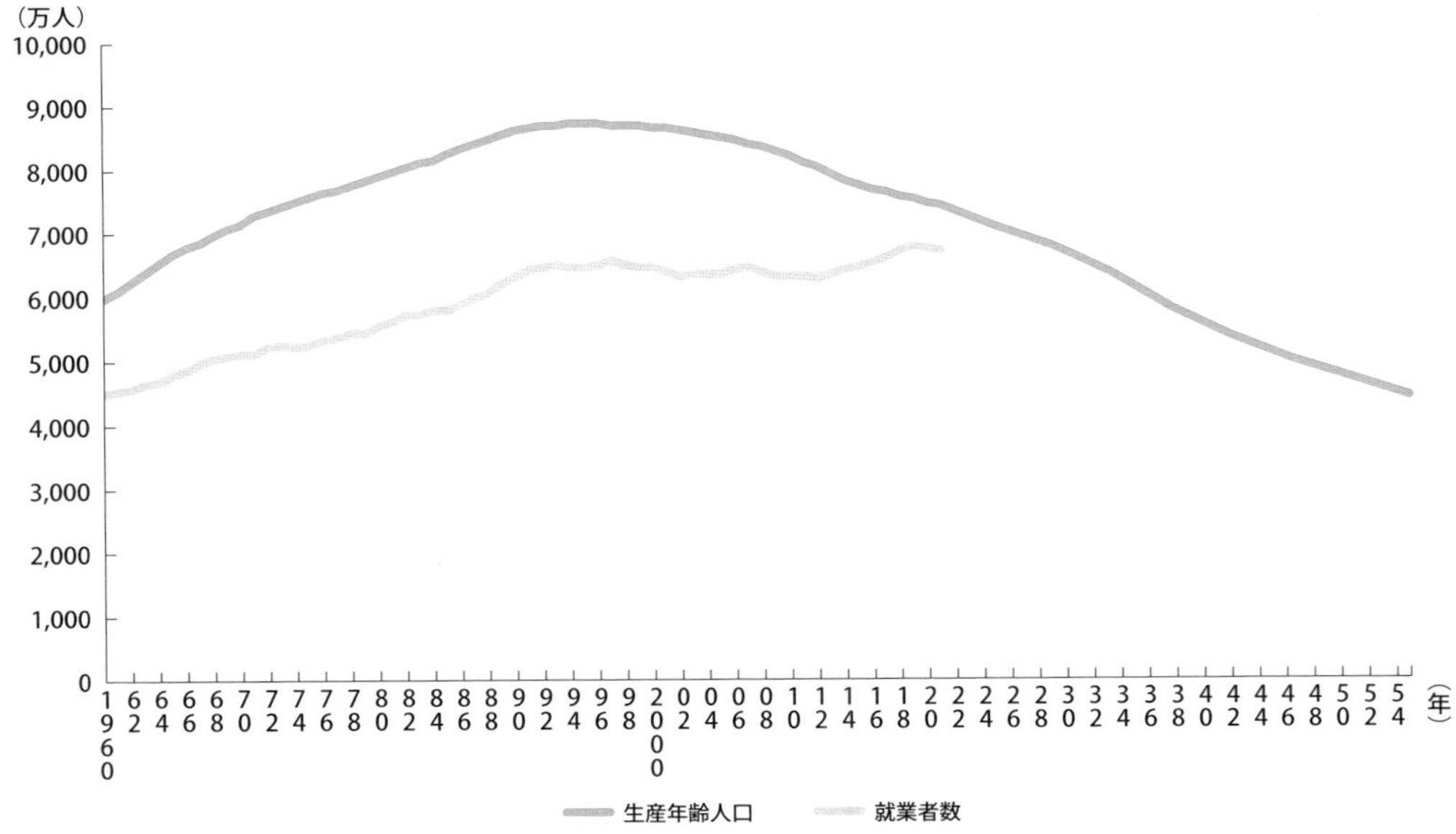

出所：世界銀行、総務省（季節調整）データより筆者作成

経営者にとって、さらに厳しい現実があります。**生産年齢人口がこんなに減っているのに、企業の数はずっと増え続けている**のです。

それにともなって、**1社あたりの平均社員数は減少する一方**です（図表3-10）。企業数と労働参加率がいまと変わらないと仮定すると、2060年には、1社あたりの社員数はいまの16・2人から9・6人まで下がります。

しかも、これはあくまでも平均の数字です。**労働者は、労働環境の優れている企業にさらに集中するはず**です。

大学入試にたとえるとわかりやすいでしょう。毎年270万人もの子どもが産まれていた時代では、東京大学に入学できる人はほんの一握りにかぎられていました。しかし、図表3-11にあるように、いまは出生数が年間80万人くらいにまで下がっているので、当然、東大入試に合格する確率は、以前に比べて飛躍的に上がっています。

同様に、**有名上場企業に就職できる確率も、以前に比べて大きく上がっています。**

また、人手不足に対応するために、**転職者を受け入れる門戸も大きく広がっています。**

図表3-10　平均社員数は9.6人まで激減する

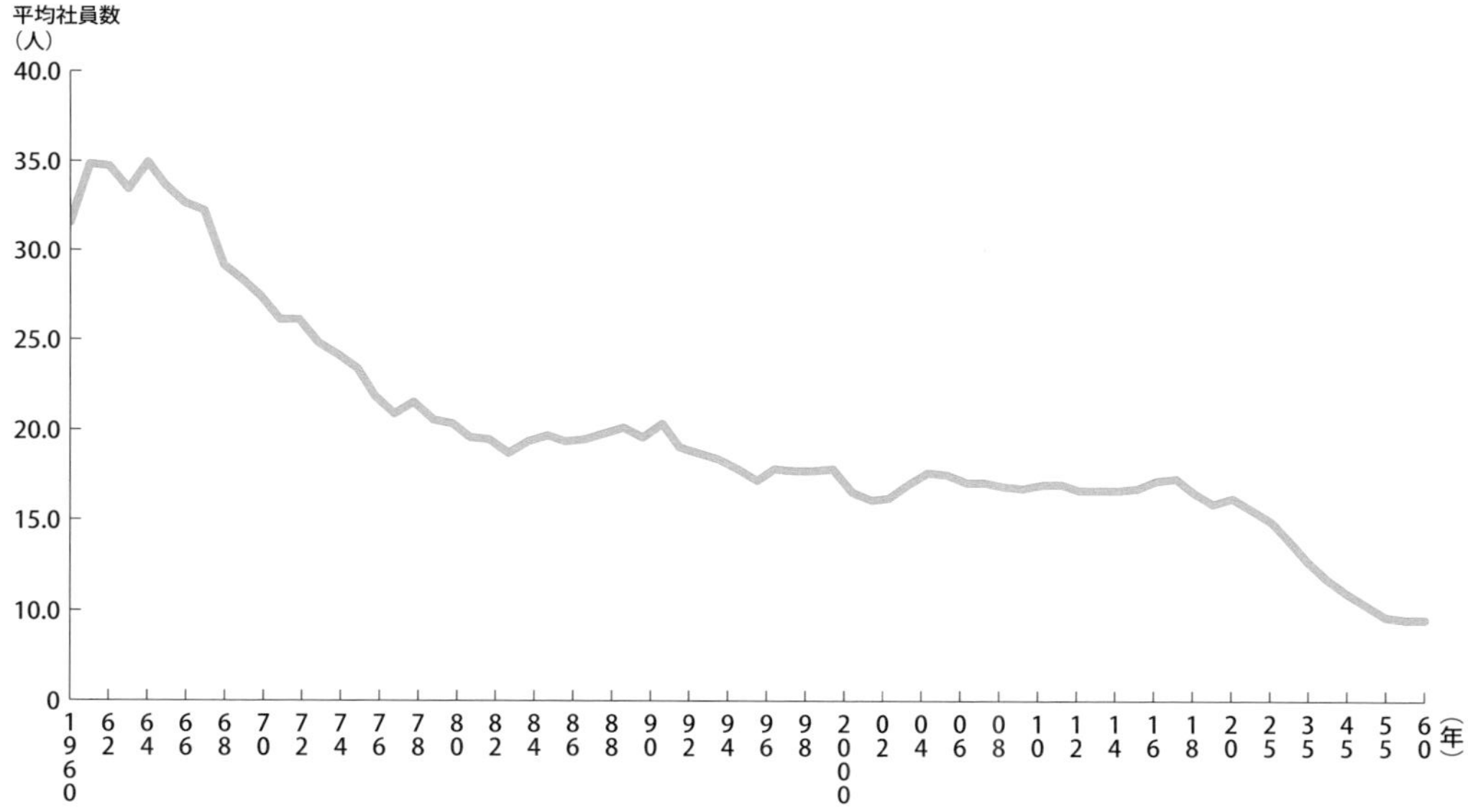

出所：財務省「法人企業統計調査」より筆者作成

図表3-11　赤ちゃんの数は激減している

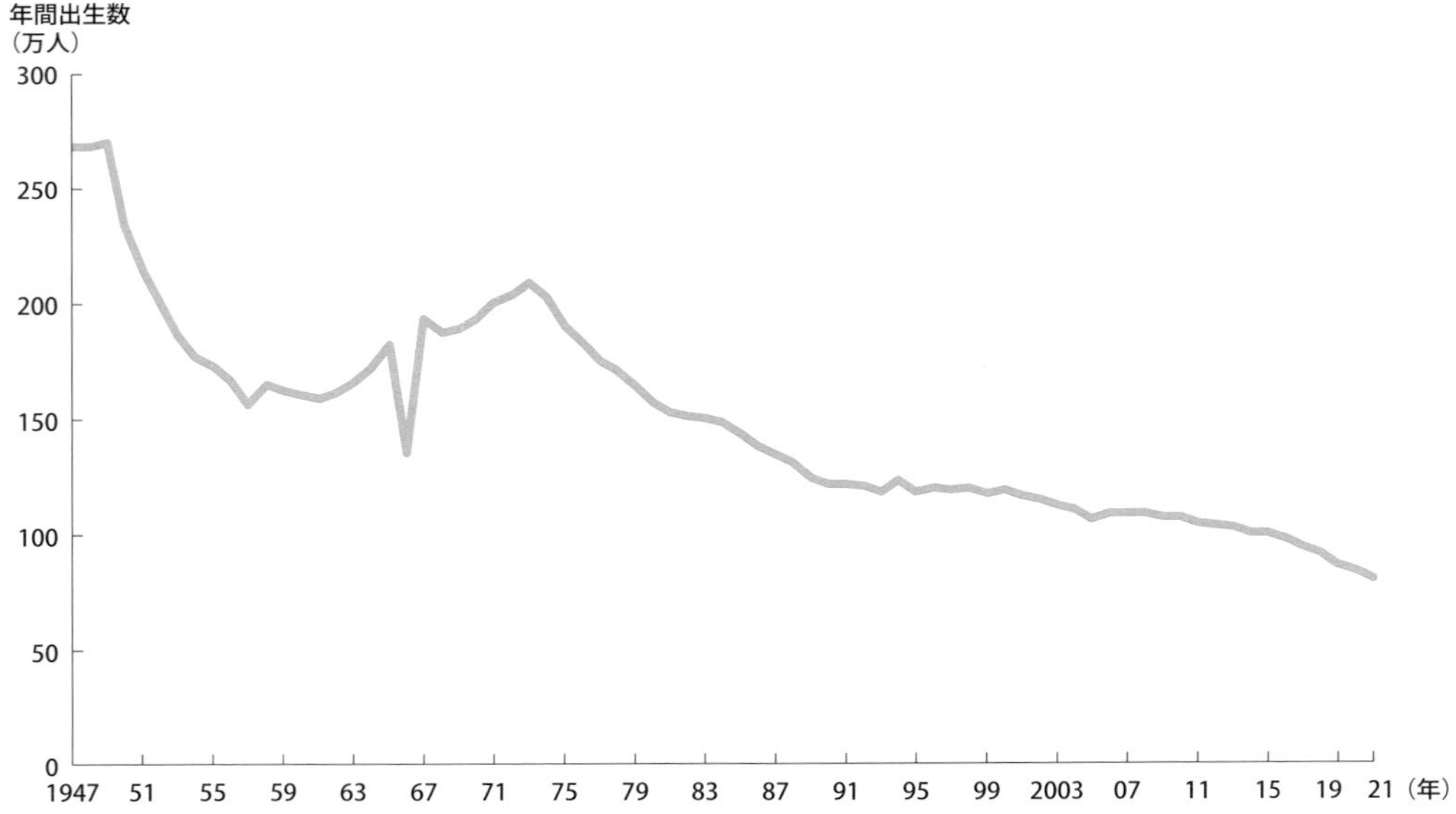

出所：厚生労働省データより筆者作成

もはや、ひと昔前のように、一度入社した会社を辞めた人が別の会社で仕事を見つけるのが困難という状況にはありません。

実際、この傾向がすでに始まりつつあることを、データで確認することができます。法人企業統計調査で見ると、**大企業で働く労働者の割合が次第に上がっている**のです。

図表3-12をご覧ください。バブル時代から徐々に大企業で働く人の割合が高まり始め、とくに2005年から大きく上昇しています。この傾向はますます強くなるでしょう。

他のデータでも、同様の傾向が顕著に現れ始めています。たとえば国税庁の調査によると、企業の規模が小さくなればなるほど、働いている人の平均年齢が大きく上がっています（図表3-13）。従業員数4人以下の企業に勤める労働者の平均年齢は、なんと55・9歳です。大企業では43・7歳ですから、**中小企業がいかに若い人の採用に苦労しているか**がわかります。

人口が減少しているときに社員に辞められてしまうと、企業は欠員者の穴埋めにも難儀することになります。人口が減少すると、労働市場が厳しい売り手市場になるからです。

逆に、**労働者には、どういう仕事を、どういう条件で引き受けるか、選択する余地が生まれます**。

図表3-12　大企業で働く人の割合は増え続けている

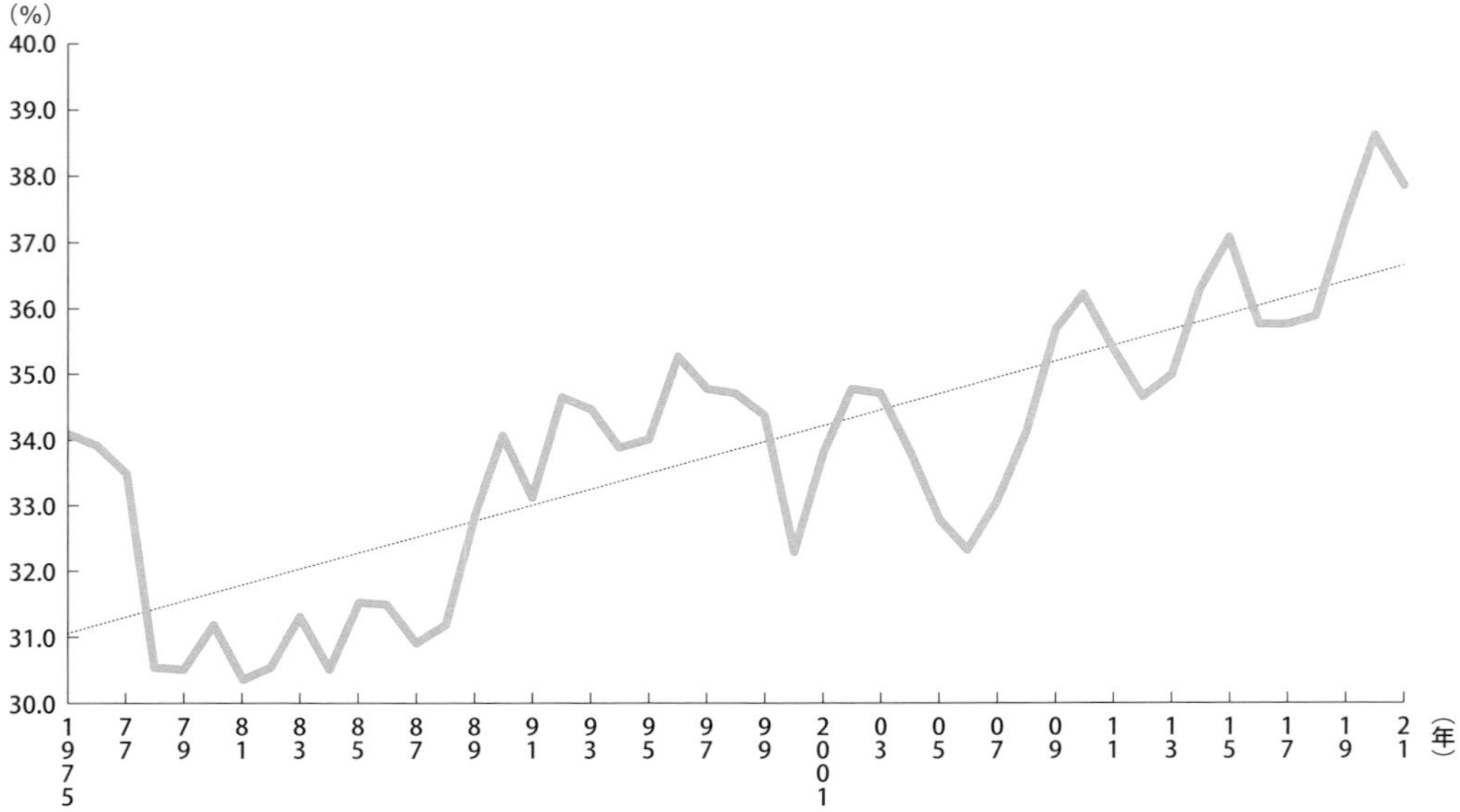

出所：財務省「法人企業統計調査」より筆者作成

図表3-13　規模の小さい企業ほど、若手の採用に苦労している

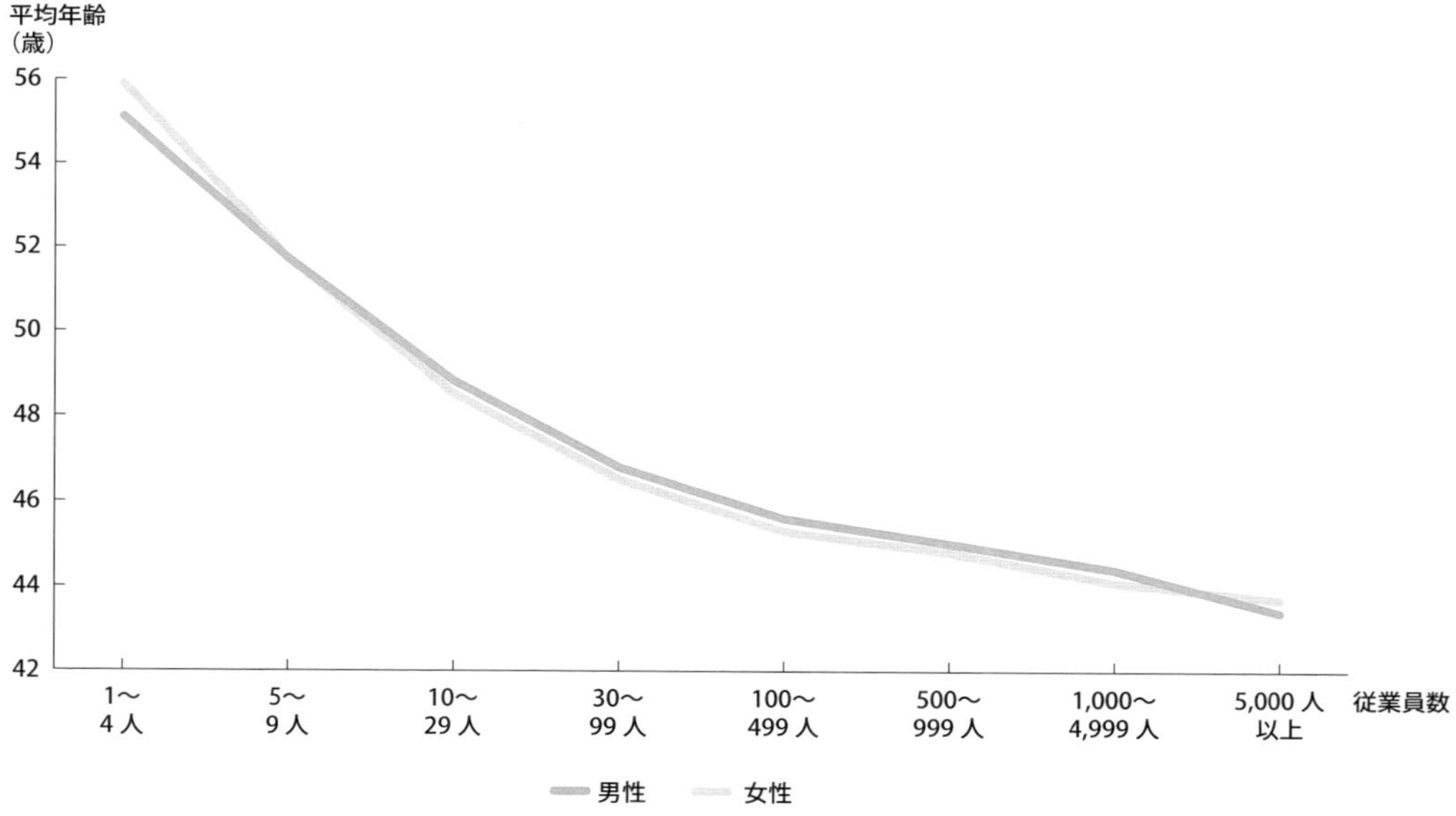

出所：国税庁「民間給与実態統計調査」（令和２年分）より筆者作成

経営者にとって従業員が辞めてしまうことが一大事になるので、経営者はなるべく離職者が出ないようにしなくてはいけなくなります。そのためには、**相応の給料を用意しなくてはいけなくなりますので、あなたの要求もまた、通りやすくなる**のです。

給料だけではなく、有給休暇の取得、育休、産休、研修制度などなど、さまざまな要求が通りやすくなるのは想像に難くありません。

そんな時代に、**これまで同様に何の要求もせず、転職もせず、ただ経営者を甘やかしていては、あなたの労働条件は相対的にどんどん悪くなってしまいます。**

1人でどんどん貧しくなっていくか、経営者に適度な要求をすることで豊かになるか。選択の余地はないように思うのは、私だけではないはずです。

第4章

手段

見限るべき社長、ついていくべき社長

日本では、２０６０年まで高齢者が減らない一方で、納税者の大半を占める生産年齢人口が激減します。そのため、現役世代の社会保障負担がいまとは比べものにならないくらい重くなることは避けられません。

前章では、あなたの給料が毎年最低４・２％ずつ上がらなければ、その負担増に耐えられなくなることを説明しました。

日本人がこれから直面するのは、過去に誰も経験したことのないような、本当にたいへんな事態です。

人口減少という逆風にうまく立ち向かい、賃上げができれば、大きな問題にはならないかもしれません。しかし、ここ数十年の日本の様子を振り返ると、とてもではありませんが楽観的にはなれませんし、またなるべきでもありません。

日本では「コツコツとまじめに勤めていれば、給料は上げてもらえる」と信じている人がいまだにたくさんいるようです。しかし第1章でも紹介したとおり、日本では30年近くにわたって、給料はほとんど増えていません。

一方、企業の内部留保金は、会社の規模にかかわらず激増しています。つまり、**会社が**

従業員のみなさんに分配するべきお金をため込んできたというのが、この数十年の日本で実際に起こったまぎれもない事実なのです。

このような歴史を経て今日にいたっているので、**みなさんが給料交渉を始め、要求の声を経営者に伝えなければ、今後も給料が上がることは期待できない**のは明らかでしょう。

あなたは「評価される側」から「評価する側」になる

もちろん、各企業が置かれている状況には違いがありますし、経営者にもさまざまな方がいます。仮にあなたが賃上げの要求をしたからといって、すんなりと受け入れてもらえるとは思えません。

とりあえず玉砕覚悟でぶつかってみるのも1つの手段ではありますが、効率が悪いうえに、場合によっては経営者から逆恨みされてしまう結果にもなりかねないので、けっしておすすめはしません。

おすすめなのは、**あなたが勤めている会社の経営者の姿勢と経営方針、そして今後どのような経営戦略をとろうとしているかをチェックし、勤め続けるのに値する会社かを確認する**ことです。

「合格」なら給料交渉を行えばいいですし、「不合格」だったらもちろん転職を考えるべきです。

交渉になった場合に、**社長と今後の経営戦略を議論する**ことになるかもしれません。あなたが希望している給料を実現するためにどうすればいいのかという議論は、自ずと会社の生産性向上戦略と直結します。ですので、**社長が考えている経営戦略を聞けば、あなたが希望している給料を受け取ることが可能かどうかの確認もできる**ので、ある意味チャンスです。

労働者として、みなさんがチェックすべき項目は、以下のとおりです。

（1）売上を増やそうとしているか
（2）新事業を開拓しているか

（3）単価を上げようとしているか
（4）新技術を積極的に取り入れるなど、イノベーションに取り組んでいるか
（5）新しい需要の発掘をしているか

これらを実現できている、または実現を目指した経営戦略を展開しているようであれば、とりあえず一安心です。

働く人が経営者と経営戦略を選ぶ時代

日本でも海外でも、就職希望者が行きたい業界を決め、入社したい企業を選んで、採用試験を受けます。無事採用されれば、その会社に就職します。しかし、どの人を採用するかの最終的な決定権は企業側にあります。

人口が増加していた時代の日本では、多くの人が職を探していたので、企業はたくさんの候補者から新たな従業員を選ぶことができました。働き手である労働者も、はじめに選

んだ会社を途中で辞める人はいまよりずっと少数でした。

人口増加の時代には売上が自然と伸びやすかったので、経営者がそれほど有能ではなくても、業績は伸びていきました。そのため、**従業員が会社の業績を心配する必要はあまりありませんでした**。いまから考えると、本当に恵まれた時代だったのです。

しかし、**人口減少のフェーズに入ってしまうと、そんなのんきなことは言っていられなくなります**。世の中が激変するからです。

人口が増加しているときとは異なり、経営者は逆風の中、時代の変化への対応を余儀なくされます。当然すべての経営者が的確に対応できるわけではありません。**やる気があっても能力が足りず対応できない経営者**もいますし、**そもそも対応しようともしない経営者**もいます。

このような状況なので、**労働者はどの経営者のもとで働くか、自分自身の責任で判断しなくてはいけない**のです。

いまの話は、これから就職や転職をしようとしている人だけを対象にしているものではありません。

すでにどこかの企業に雇用されている場合でも、**経営者の能力やビジョン、そしてこれからの経営戦略を見極め、いまのまま働き続けるか、会社を変えるかを決める**必要があります。

脅かすようで心苦しいのですが、正直に言ってみなさんに残されている時間はそんなに多くはありません。1日でも早く行動を開始するべきです。

「見限るべき社長」の特徴1：売上を増やそうとしない

ここからは、**あなたが「見限るべき社長」の特徴**を解説していきます。こういう社長がいる会社には入るべきではありませんし、いまの社長がこういうタイプなら、一刻も早く転職活動を開始してください。

さて、前章で説明したとおり、毎年の2・8%の定期昇給は会社の人件費の再分配にすぎないので、とくにビジネスモデルを変更しなくても継続することが可能です。

一方、**あなたの給料をさらに1・4%上げるためには、会社はその分の原資を新たに確保しなくてはいけません。**ない袖は振れないから当然です。そして、この原資を確保するには、基本的には**売上を増加させる**しか方法はありません。

言い換えれば、4・2%の給料アップのうち、**2・8%は経験を積むことによって向上するスキルに対する対価なので上げてもらって当然**です。一方、**1・4%は新しい挑戦に対する報酬なので、それに見合った努力は当然、社員にも求められる**のです。

さすがに大半の社長はバカではないので、社員の給料を上げるためには、いまより売上を伸ばさなくてはいけないことは承知しています。ですので、社員からの賃上げ要求を受けても、「はい、そうですか、じゃあ上げて差し上げましょう」と二つ返事で応えてはくれません。

売上を伸ばすためには社長自身も努力をしなくてはいけませんが、そもそも会社の売上や利益は、社長1人が頑張ったところで劇的に伸ばせるようなものではありません。当然、**1・4%の給料アップを実現させるためには、あなたにも新たな努力をするよう要求してくる**はずです。

このように経営者が売上を伸ばすのに積極的なマインドを持っていてくれればいいのですが、中には**売上を増やすことにそれほど積極的でない経営者**もいます。

正直に言うと、**こういうタイプは最悪**です。本来は経営者の立場につくべきではありません。

こういう経営者は、**最初からあなたの給料を上げるために努力するつもりなどありません**。

努力をしない経営者のもとで働いても、あなたの未来が明るくなることはけっしてありませんので、このタイプの経営者のもとからは、一刻も早く去ることをおすすめします。

「見限るべき社長」の特徴2：「生産性」を理解できていない

売上の次に重要なのは、経営者の生産性に対する意識です。

そもそも、給料は創出される**付加価値**の大小で決まります。付加価値というのは、簡単に言うと売上から材料費などのコストを引いた残りです。材料を加工して商品にする際の加工賃が、付加価値だと考えていただいても大丈夫です。

その付加価値から、会社は従業員の給料や税金を支払ったり、設備投資を行ったり、不動産などのコストを払って、最終的に残る金額が利益です。

さて、付加価値からは、あなたが勤めている会社の**労働生産性**が計算できます。

各会社の労働生産性というのは、**会社が生み出した付加価値の総額を従業員全員（正規・非正規を問わず）の人数で割ったもの**です。

日本企業の労働生産性は平均約550万円です。大半の労働者が働く中小企業では約420万円で、約830万円の大企業に比べてだいぶ低い水準です。

世の中には労働生産性に関して、さまざまな誤解をしている人がいるようです。ここでは、よくある重大な誤解を訂正しておきます。

まず、**コストを削減しても生産性は上がりません**。増えるのは利益だけで、付加価値は変わらないからです。利益と付加価値は違います。

簡単に言えば、100の付加価値を生み出すため、もともと70だったコストを60に下げても、利益が30から40に増えるだけです。付加価値は100のままで変わりません。

次に**「従業員を削減すれば、労働生産性が上がる」**と思われている人もいるのですが、**こういう考え方をしている経営者のもとで働くことは、けっしておすすめできません。**

この考え方を簡単に言うと、「付加価値が横ばいのまま人員を減らせば、1人あたりの生産性が上がる」ということです。たしかにそうなります。

しかし付加価値は増えていないので、人員を削減して生産性を向上させても、すぐに限界を迎えます。そもそも**減らせる人員には限界がある**からです。

日本企業の99・7%を占める中小企業の平均社員数は9・0人で、下位85%の企業の平均社員数はたった3・4人です。これでは人を減らそうにも、あっという間に限界を迎えてしまいます。

結局、人員の削減で生産性を上げられるのは主に大企業に限定されます。大企業は全企業の0・3%しかありませんし、全労働者の3割しか雇用していないので、大半の労働者にとっては無関係です。

生産性向上の王道は、**人員数を維持または増やしたうえで、それ以上に付加価値を増やすこと**です。

これができれば、当然ながら持続性も高まります。付加価値は理論上、いくらでも増やすことが可能なので、長く持続させることが可能なのです。

さて、ここ数年、日本の生産性が他の先進国から大きく見劣りしている事実が周知され始め、生産性向上の必要性が盛んに叫ばれるようになりました。

この傾向自体は歓迎すべきですが、いまご説明した生産性向上の王道については、理解が進んでいないように感じます。実際、**生産性向上のカギがコスト削減だと勘違いしている経営者が非常に多い**印象を強く受けます。

生産性向上のためと言いながら、時短や効率化ばかりが話題にされるのは、彼らの勘違いのあらわれです。そもそも、効率化は生産性向上には直結しません。**生産性の低い仕事を効率よくこなすこともできますし、生産性が高い仕事を効率悪く行うことも十分ありえる**からです。

効率化が生産性向上に直結しない以上に、**コスト削減は生産性向上にはプラスになりません。**

時短や効率化によってコストを削減すれば、たしかに利益は増えるかもしれませんが、利益というのは付加価値の一部でしかありません。利益が向上しても、生産性は上がるとはかぎらないのです。

つまり、**コストを下げるだけでは全体の生産性が向上するわけではない**ので、1人ひとりの給料の上昇にはつながらないのです。

とくに、もし**あなたが勤めている会社が人件費を下げることばかりに腐心しているようでしたら、とっとと見限り、転職するべき**です。

いままでの30年間、多くの企業は従業員の給料を「人件費」、すなわちコストとして位置づけ、とにかく削減することのみに専念してきました。人員を減らしたり、本人が望んでいないにもかかわらず非正規雇用に変えたり、残業代をカットしたりした企業は少なくありません。

正規労働者の代わりに派遣労働者を増やしたのも、コストであると考えられてきた人件費の削減が目的であったのは、間違いありません。

私に言わせれば、**「人件費」をコストととらえる考え方は大きな間違い**です。どんな理由であれ、**全体の人件費を減らそうとする企業は縮小企業とみなすべき**です。縮小企業は経営がまったく安定せず、もちろん成長もしないので、衰退する一方です。

こういう会社にいても明るい将来は期待できませんので、別の会社を探すべきです。すでに**人手不足に悩んでいる企業も少なくないので、職探しに不安を覚える必要はもはやありません。**

経営者は、**1人ひとりが生み出す付加価値を高めて、給料を上げるべき**です。それは働く人のためだけではなく、国全体のためでもあるのです。

「見限るべき社長」の特徴3：単価を下げようとする

「単価を下げようとする経営者」も、とっとと見限るべきです。

ポイントとなるのは、**扱っている商品やサービスがすでに普及しているのかどうか**という点と、今後利用者の増加が見込まれる、すなわち**マーケットの拡大が期待できるかどうか**という点です。

まだ普及率が低いのであれば、単価を下げることも間違いではありません。日本でも人口が増えている間は、消費者の数が増えていましたので、あらゆるモノやサービスの需要が増えていました。

そのような環境下であれば、コストを削減して価格を抑えれば、それまで手が出せなかった所得の低い層も購入できるようになるので、普及率が上がったり、より多くの商品を買ってもらえるようになります。その結果、価格を下げた以上に販売が伸びるので、売上も大きく増えます。

自動車はその典型的な例です。イギリスにこんな冗談があります。「昔、みんなが馬に乗っていた時代は、車が富裕層の象徴でした。しかし、いまはみんなが自動車に乗っているので、馬が富裕層の象徴になりました」

このように、**消費者が増え、市場が拡大しているときは、単価を下げることで需要は大きく増えます**。

増える需要に応えて、従業員を増やした会社は規模が大きくなりました。会社の規模が大きくなれば、社内での分業化が進み、専門性が高まります。それまではいなかった専門の営業チームを設け、より優れた需要の発掘ができるようにもなったことでしょう。また、新商品を開発する専門チームを設けるなど、**「規模の経済」**がどんどん進みました。

アメリカを筆頭に**成長を続けている先進諸国は、依然としてこのような経済環境をキープしている**からこそ、成長し続けているのです。

人口が増えている国であれば、通常、大半の企業は消費者の減少にともなう需要の縮小に直面することはありません。人気のある商品であれば、流行か競争環境が大きく変わらないかぎり、売上は持続的に増えます。

農業であれば、ニンジンが売れなくなることもなければ、米の消費量が大幅に減ることもありません。お酒の消費量が大幅に減ることも、通常であれば考える必要はありません。

人口が減少している国でも、まだあまり普及していない商品であれば、値下げをしても問題は生じません。しかし、**すでに普及している商品の場合、値下げをしてさらに売上を増やす薄利多売戦略をとることは不可能**です。

現在の日本では、例外的に消費者の数が増えている業界もあるものの、ほとんどの業界で消費者が減少傾向にあります。この傾向はこれから数十年にわたって続きます。すでに普及している商品は、人口減少によって売れる個数が減りますので、当然売上も減ります。

減っていく売上を食い止めようとして値下げ戦略に舵を切ると、業界内で**過当競争**が始まり、悪循環に陥ります。**値下げ戦略は生き残るためだけの戦略なので、明るい未来を切**

り開きはしないのです。

値下げ戦略では、もちろん労働者の給料を上げることはできません。**値下げ戦略とは、あなたの給料を犠牲にして無理やり会社を存続させようとしているだけ**なので、当然です。

社長は会社を存続させるのに必死で、悪気はないのかもしれません。しかし、**あなたが犠牲になる必要はまったくありません。**

あらためて、強調しておきます。

人口が増加している国では、価格を下げてもそれまで以上にものが売れるため、売上を増やすことが可能です。しかし、人口が減少している国では、価格を下げても、ものがそれ以上に売れるわけではないので、売上が減ります。**人口が減少している国での値下げ戦略は、自殺行為に等しい**のです。

「ついていくべき社長」の特徴1：イノベーションと需要発掘を重視する

ここまで、さっさと見限ったほうがいい経営者の特徴を挙げてきました。すると、あなたがついていくべき経営者の姿も見えてきます。**ここまでに挙げた特徴とは逆の経営者こそ、あなたの給料を上げられる経営者**です。

彼らの特徴を2つのキーワードで表すと、**「イノベーション」**と**「需要発掘」**です。ここで重要なのは、「イノベーション」と「需要発掘」が表裏一体となっていることです。

わかりやすく言うと、**まだそれほど普及していないモノやサービスを見つけ、イノベーションによってそれらを自分たちの成長エンジンとして育てる能力を持った経営者**が、あなたの給料を上げられる経営者の条件です。

あなたがいま勤めている会社が継続的に給料を上げられるかどうかは、まずは**変動する人口動態に適切に対応し、新たな「需要発掘」ができるか否か**にかかっています。この点をしっかりと見極めて判断する必要があります。

言うまでもなく、人口が減少すると既存商品の販売量を増やすことは難しくなります。ですから、売上を増やすためには**イノベーションを起こし、いまより高い単価をとれる商品を開発する**のが正しい選択になります。

テレビを見ていても、講演会などで会う人からも、よく「日本では単価は上げられません」という意見を聞かされます。しかしよくよく聞いてみると、こういった発言はただの思い込みで、根拠が薄弱なことばかりです。単価を上げる技術がないだけです。

お客が本当にどう思っているのか調査をしているわけでもなく、単価を上げる方法を探すでもなく、**最初から値上げの努力を放棄している**ようにしか感じられないケースが大半です。

やはり日本は、科学的根拠や調査結果などのエビデンスより、感情論が優先される傾向が強い国だと思います。正しい判断を下すためには、**調査を行い、その結果を分析し、お客さまに話を聞いて、単価を上げるための戦略を必死に追求**しなくてはいけません。

私が小西美術工藝社の社長になったときにも、業界内から「単価は上げられない」と言われました。しかし、「その根拠は?」と誰に聞いても、「常識です」「お客さまが値上げを許してくれない」などと言われるだけでした。

納得がいかなかった私は、得意先を訪れて、値上げについての意見交換をすることにしました。

すると、お客さまからは「品質を上げるためであったり、次の世代の職人を育てるためならば、値上げもしかたない」という声をいただきました。厳しい交渉になると覚悟していたので、少々拍子抜けしたというのが正直な感想でした。そもそもそんなに無茶な値上げではなく、数%上げてもらうための交渉だったので、心配しすぎだったのかもしれません。

後に関わることになった観光業界でも、似たようなことがありました。事業者からはさんざん「単価を上げるのは無理」と言われていたのに、実際に価格を上げたところ、客は減るどころか、逆に増えたのです。

もちろん、単純に価格を上げただけではなく、その分設備やサービス内容をグレードアップはしました。しかし、そもそも単価を引き上げたからこそグレードアップが可能になったので、よい方向に相乗効果が生まれたととらえるべきでしょう。要するに、商品の差別化をはかる必要があるのです。

単価を引き上げることはけっして簡単な決断ではありませんし、断行するには勇気がいるものです。

しかし、断行できる社長とできない社長では**会社の将来に大きな差が生じます**。従業員としては、しっかりと見極めることが大切です。

人口が減少する時代には、お客さまに「どうしても欲しい」と思わせる魅力にあふれた、まだそれほど普及していない新しい商品が不可欠です。これがあって初めて単価を上げることが可能になるのです。

ここで大切なのは、たまに単価を大きく引き上げるのではなく、**毎年少しずつ上げていく**ことです。

価格は市場との対話です。**価格は、頻繁に変えることによって市場の需給を確かめるためにある**のです。

自社で扱う商品の単価が上がれば、みなさんの給料が上がるチャンスは大きく膨らみます。

「ついていくべき社長」の特徴2：10年先からいまの戦略を立案する

より高い給料をもらいたいのであれば、**いま勤めている会社がどういう客層をメイン顧客としているのか**をしっかりと把握する必要もあります。その層の顧客がこれからまだ増えるのか、それとも減っていってしまうのかを分析しなくてはいけません。

それも、今月や来月の話ではなく、**10年先を予想し、その10年先から現在を振り返って、これからの戦略を考えるべき**です。10年先を予想したうえでいまの戦略を見ると、何に力を入れるべきか、また何にあまり力を入れなくてもいいか、意外にはっきり見えてきます。

これは私が、スターバックスコーヒージャパンの社長からうかがった教訓です。

たとえば飲食店や美容室などの生活サービス業の場合、当然ながら、人口の減少にともなって顧客数が減ってしまうので、競争環境が厳しくなります。市場の規模が人口にほぼ比例するからです。

これらの業種に関わっているのであれば、当然、対抗策をねらざるをえません。

第2章では、「現状維持は衰退を意味する」と書きました。この言葉の背景には、消費者の数の減少があります。

いま勤めている会社が現状の経営戦略を変えずに、顧客の減少を迎えれば、規模の経済が逆回転を始めます。次第に会社の業績は悪化し、その後は衰退の一途をたどることでしょう。

人口構成が変わり、ビジネスを取り巻く環境が様変わりしてしまうのであれば、**違う分野に打って出るか、これまでとは異なる商品を提供する**などの工夫が不可欠になります。それが私の言う「需要発掘」です。

ネットで検索すれば、年齢別の人口予想や地域別の予想などが簡単に見つかります。それらをベースに、現在の客層を調べたうえで、将来を予想することをおすすめします。

「ついていくべき社長」の特徴3：輸出を重視する

新しい需要を発掘する際、なにも対象を国内の消費者に限定する必要はありません。**輸**

出や外国人を対象としたビジネスも検討するべきです。

一例として、私自身が関わってきた観光業界の例を紹介しておきましょう。

日本の観光業は戦後になって大きく発展しました。当初は主に若者や企業に勤めている人がメインのターゲットで、高齢の顧客はあまり意識されていませんでした。その名残は、いまだに業界のそこかしこに見ることができます。

たとえば、スキー場は日帰り客をメインに、大量の客を上手にさばくことによって、1人ひとりからは**さほど高くない利用料**を徴収するビジネスを展開してきました。

当時は大量のお客が押し寄せていたため、低価格のサービスを提供しても「チリも積もれば山となる」で、しっかりと利益を出すことができていました。いわゆる**薄利多売のビジネス**が成り立っていたのです。

また、日本の観光業はゴールデンウィークやお正月、お盆などの繁忙期に集中的に集客し、あとは週末だけお客がくればいいという戦略でした。その時期に集中的に情報発信したり、イベントを開催したりして、**とにかく集客を伸ばし、数をさばくビジネス**が展開されていました。

これらのビジネスモデルは、生産年齢人口が激増して平均年齢が低かった時代にはふさわしい、現実的な戦略でした。しかし、生産年齢人口は大きく減ってしまっているので、この戦略はもはや成立しなくなりました。

そこで業界が目をつけたのが、訪日外国人観光客にターゲットを絞った、いわゆる**インバウンド戦略**です。

インバウンド戦略が意識されることにより、長年停滞していた観光業界も、ようやくビジネスモデルの再検討が進められました。私自身、日本全国を視察や講演会で訪れ、インバウンドの需要発掘のヒントを説明したり、現地の関係者たちと意見交換をしてきました。

観光業の場合、収入の約半分を飲食・宿泊が占めます。さまざまな層を呼び込むには顧客の年齢や所得水準、または滞在期間の違いによって、サービス内容や価格設定を変える必要があり、そのための多様な対応が求められます。

しかし、日本には安い価格帯のホテルが多くある一方で、そこから高級ホテルまでの供給が少なく、価格帯のバリエーションが十分にそろっていません。また、旅館の多くでは献立から何から、短期滞在客にしか対応していないことが多いのです。

さらに、短期滞在客がメインとなっている観光地の場合、旅館に泊まった後は、お土産を少しだけ買って帰るというのが訪問客の典型的な行動パターンです。そのため、長期滞在する人も楽しめるようなアクティビティが少なかったり、夕飯の後の楽しみがなかったり、地元の文化財の説明などがなかったり、一言で言うと**魅力に欠けた、楽しみの少ない観光地**が多いのも事実です。

おそらく、昔は何も考える必要がないくらい、黙っていてもたくさんのお客が訪れてきたのでしょう。そのせいもあってか、何の工夫もしていない観光地があふれていたのです。

この旧態依然たるパターンを変革し、訪問客の滞在中に**これまで以上にお金を使ってもらったり、より長く滞在してもらう**ために、さまざまな工夫がなされ、インフラへの投資も進められてきました。単価も上がっています。イノベーションがようやく芽生え出したのです。

さきほども説明しましたが、インバウンド戦略とは訪日外国人観光客を対象としたものです。そもそもは外国人を迎え入れることで、新しい需要を発掘するためのものでした。

しかし、新しく整備され生まれ変わった観光地（施設やサービス）をもっとも歓迎し、使ってくれたのは、**実は日本人の観光客だった**のです。

1つだけ例を紹介します。京都では観光客に着物の着付けをして、神社仏閣をめぐってもらうというビジネスが発案されました。このビジネスも、もともとは外国人観光客をメイン顧客に考え出されたものだそうです。

そもそも、日本人観光客はそんなサービスは利用しないと思われていたようです。しかしふたを開けてみると、海外からの訪日客がピークだったときでも、お客の半分近くは日本人だったそうです。

この例だけにとどまらず、似たような話は方々で耳にします。固定観念にとらわれずに、新鮮な気持ちでビジネス環境を見直すことが、新たな需要を発掘するためにはきわめて重要なのです。

「ついていくべき社長」の特徴4：「正しい調査」をする

私が観光戦略に関わるようになってから、非常にびっくりしたことがあります。それは、**需要発掘のための調査分析がほとんどされていなかった**ことです。

極端な言い方をすれば、日本人同士が会議室に集まって、「外国人は、日本のこういった点に魅力を感じている」「日本のおもてなしは世界一だ」という妄想をもとにした議論に終始していたのです。これでは何年経っても、外国人観光客が増えるはずはありません。

関わった人たちがどんなに情熱を注いでも、方法が間違っていては、期待した成果が生まれないのは当然です。

そもそも、地球上には80億人もの人がいます。日本人以外を「外国人」と一括りにすることは間違いのもとにしかなりません。いったい誰のことを指しているのかまったくわからないので、意味がないのです。

当時も、一応調査らしきものをやっているケースはありました。しかし、すでに日本に来ている人の動向や好みを調べただけのものがほとんどで、まだ訪日経験のない人を対象とした調査は皆無に等しい状況でした。発展性のない満足度調査ばかりだったのです。

言うまでもありませんが、訪日経験のない人たちも日本の観光業界にとっては大事な潜在顧客です。彼らを無視していては、適切な戦略を立てることは不可能です。

私は最初の仕事として、**「海外のどの市場にフォーカスするか、その国から日本に来そうなポテンシャルマーケットはどのくらいの規模か」**を把握することから始めました。それらを吟味したうえで、**「日本に来ない人は、なぜ来ないのか」**、とくに**「アジアの国に旅行しても、日本に立ち寄らない理由は何か」**を調査してもらいました。

このように潜在需要を見極めたうえで、その需要を顕在化させるためにはどうすればいいかを、関係者のみなさんと検討していきました。**どういった観光資源をどう整備したうえで、どの市場のどの層に、どの媒体を通じて情報発信すればいいか**を、1つひとつ具体的に詰めていったのです。

日本を訪れた人に対する調査も、根本から変えました。

それまでは「日本はすばらしい国ですか？」というような押しつけがましい質問ばかりの調査が行われていたのですが、それをやめて**「不便だと思ったことは何ですか」「何か困ったことはありませんでしたか」**という質問を中心とした調査に抜本的に変えたのです。この調査はいまでも続けており、問題点を1つひとつ潰しています。

客単価を上げられるように、**インフラ投資**も継続して行いました。その結果、投資を増やすほど訪日客は増えました。

これこそ、**戦略的な需要発掘の成功例**です。2012年には年間800万人程度だった訪日観光客は、たった7年で3188万人（2019年）にまで増えました。成功のカギは、

エビデンスに基づいて的確なビジネスモデルを構築し、イノベーションを起こしたことだったのは間違いありません。

インバウンド戦略の成功はこのような取り組みの成果であり、世間で言われるように為替の影響によるものではありません。

訪日外国人客を増やし、日本で消費してもらうインバウンド戦略は、国外のお客さんに外貨を使ってもらうという意味で立派な**輸出**です。

日本には、他にも**輸出を増やす伸びしろがある分野**は豊富にあります。

その昔、日本は原材料を海外から調達し、それらを加工して商品に仕立てて輸出する加工貿易で大いに潤っていた時代がありました。そのイメージを引きずって、日本をいまだに輸出大国だと思い込んでいる人が少なくありませんが、それは誤解です。

日本のGDPが大きいから、当然輸出の総量は多いのですが、実はいまの日本は輸出大国ではなく、むしろ輸出小国です（図表4－1）。人口が日本の3分の2のドイツは日本の2倍以上の輸出を行っていますし、人口が日本の半分以下の韓国も日本とほぼ変わらないくらいの輸出をしています。

これから人口が減少し国内のお客が減るので、対策の1つとして、**国内で生まれる余剰**

図表4-1　**日本は実は輸出小国**

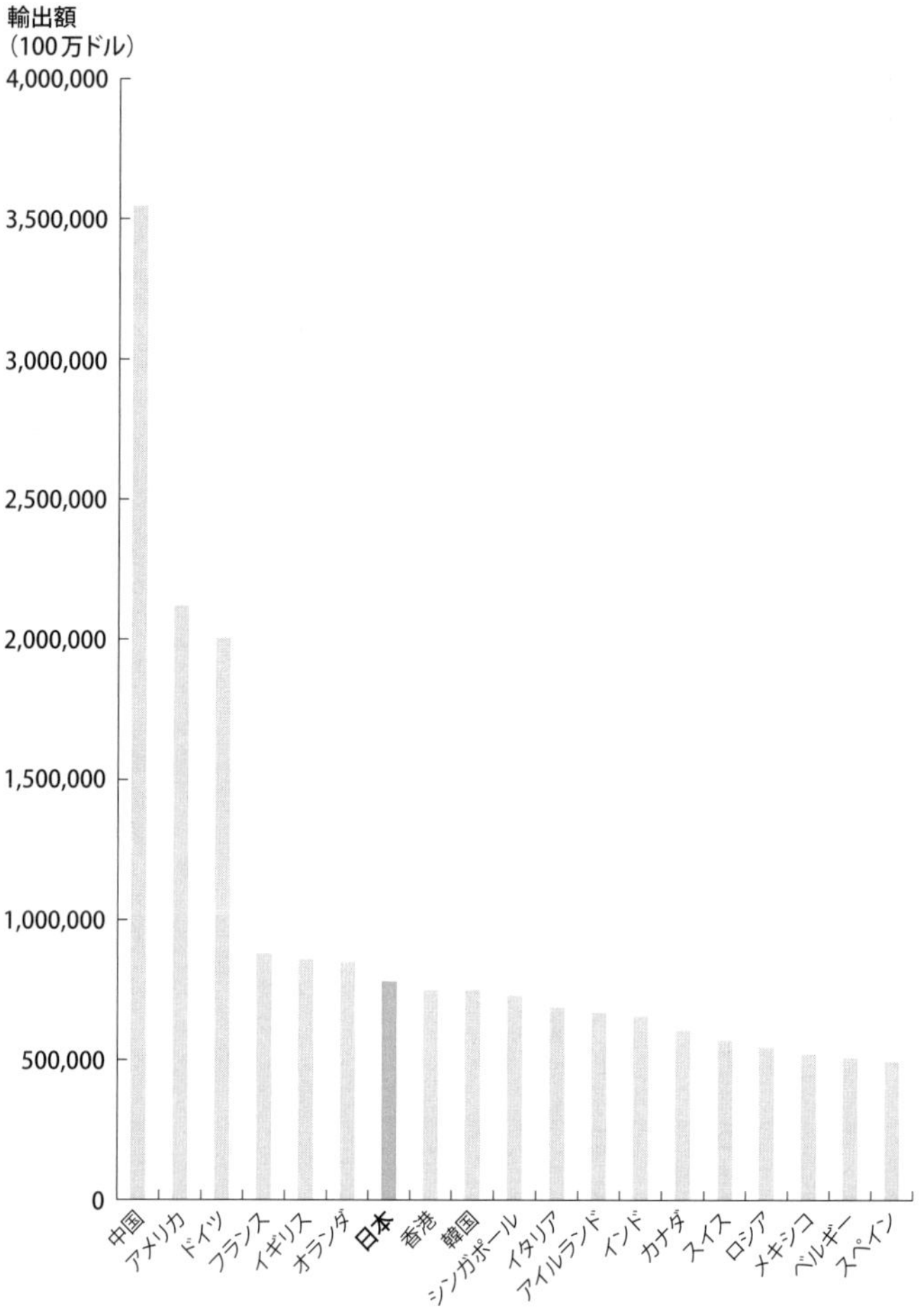

出所：世界銀行の2021年データより筆者作成

分を海外に輸出できるかどうか検証する価値があります。

いまは国策でインバウンドや農産物の輸出戦略が促進されていますが、他の分野でも成功する可能性の高いものは、かなりあるのではないかと考えています。

「ついていくべき社長」の特徴5：高齢者マーケットを攻める

需要発掘という点では、日本ではもっと**高齢者マーケット**に真剣に向き合うべきです。日本では高齢者人口は増える一方で、かつ、多くの富（資産）が高齢者に集中しています。年齢の割に健康で活動的な人が多いのも日本の高齢者の特徴なので、顧客として非常に大きなポテンシャルがある層だととらえることができます。

しかし日本では、**高齢者マーケットはほぼ手付かずのまま放置されている**印象を強く受けています。

観光戦略でもこの傾向が見られます。いまの日本の観光業は依然として、ゴールデンウィークやお正月、お盆など、会社や学校が休みのときに稼働率がもっとも上がり、平日の稼働率は低いままです。この事実は、平日も休日もあまり関係のない高齢者の需要を十分に発掘できていないことの証拠に他ならないでしょう。

もっと積極的に高齢者を分析し、高齢者の需要を発掘していけば、まだまだ伸びしろがあるのは間違いありません。

需要の発掘が遅れているという点では、**大学**も同じです。

子どもが増えていた時代からスタートして２０１２年あたりまで、たくさんの大学が新設されました。その結果、１９５５年に２４５校だった大学は、２０１２年には７８３校まで増えました。

しかし、いまの18歳の人口は、ピークだった１９６６年あたりの２４９万人から、１１０万人程度にまで落ち込みました。子どもの数はさらに激減していきます。

子どもの数が減れば、有名大学が定員を減らさないかぎり、**数少ない子どもがいわゆる有名校に集中する**ようになります。以前であれば絶対に東大や京大などには入学できなかった子どもでも、受験者数が減る分だけ難易度が下がることによって、入学できる確率が上がるからです。

東大とまでは言わずとも、多くの子どもがいわゆる有名校に入りやすくなります。すると、それ以外の大学は生き残りの方策を考えざるをえなくなります。

外国人留学生の受け入れも学生数確保の1つの選択肢ですが、言葉の問題をクリアしなくてはいけません。また、世界の大学を比較したランキングでは、日本の大学はほとんど上位に入ってこないので、現状のままでは世界中から大量の留学生を獲得するのは現実的ではありません。

一方、世界的な水準に照らしてみると、**日本では社会人教育が異常なほど遅れている**という事実があります。アメリカは社会人教育にGDPの2％以上に相当する金額を使っていますし、欧州でも1％以上です。しかし**日本では0・1％**にすぎません（図表4-2）。

もし私が大学の学長だとしたら、10年後を見据えて、**人口の大半を占める社会人を対象にした新しい教育需要の発掘**に全力で取り組むと思います。さらに言えば、**社会人の授業料を子どもよりもできるだけ高く設定する**ことに腐心するでしょう。

「大学というのは、18～22歳の人が通うもの」という固定観念を捨てて、新しい需要発掘を考えるしか、多くの大学にとって生き残りの道は残されていません。少なくとも、私の目にはそう映っています。

図表4-2　日本は社会人教育への支出が異様に少ない

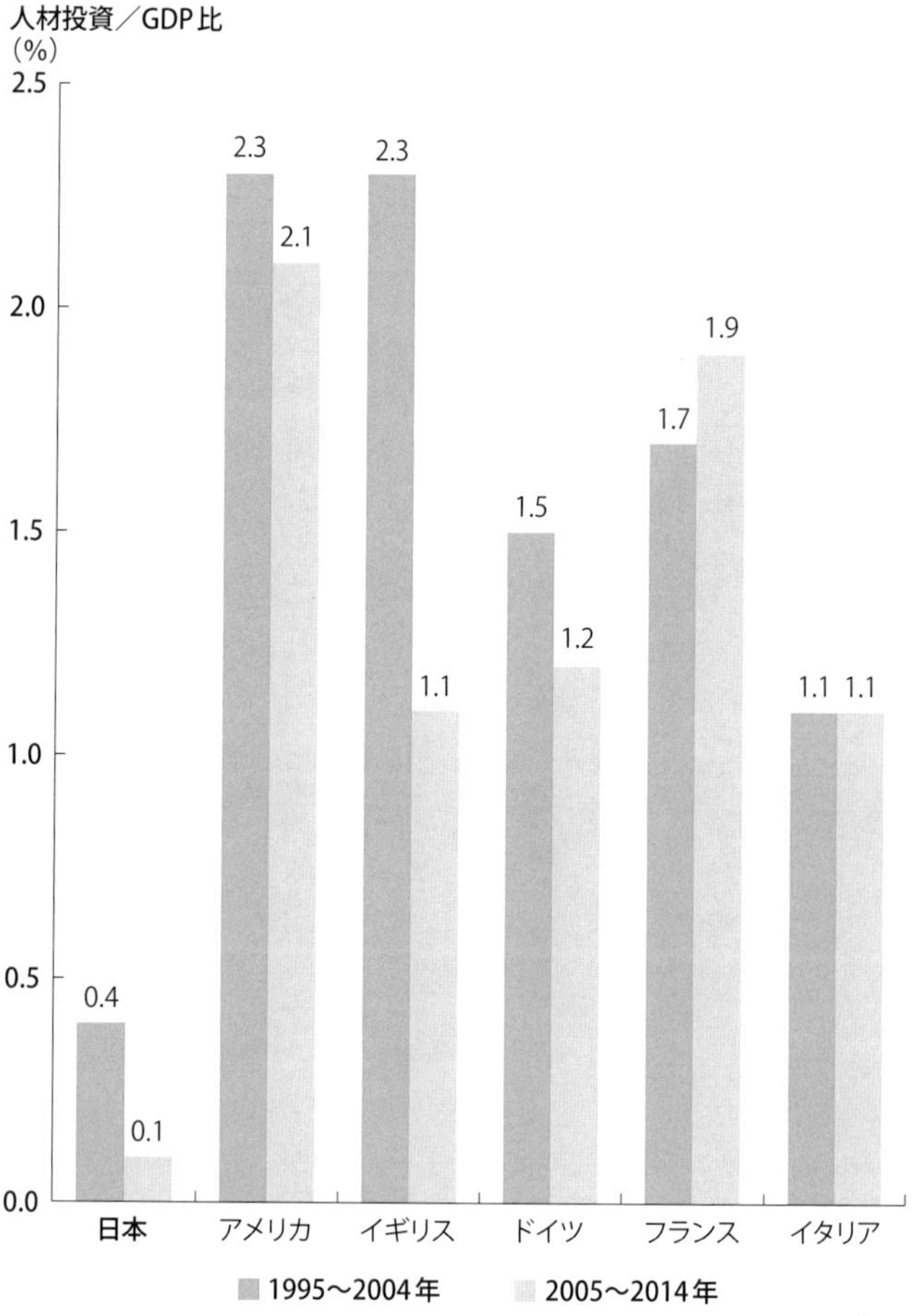

出所：国民経済計算、JIP データベース 2015（一部宮川簡易推計）及び INTAN — Invest databace より学習院大学宮川努教授作成

人口減少によって、多くの商品は売れなくなります。人口減少による需要不足を解消するためには、**別の商品に切り替えるか、新しい市場で需要を発掘する**しか方法はありません。いまの供給能力を有効活用する方法も、それしかないのです。

政府が何をやっても、いまの日本であまっている供給能力をそのまま活かすことは不可能です。

消費者の数が減っているのに何もしなければ、日本の政治家やマスコミが大好きな昔ながらの商店街をそのまま維持したり、活用し続けることはできません。その商店街の供給と需要の双方を、根本から考え直すことが求められているのです。

その答えが、**高齢化社会の消費者向けのビジネスへの切り替え**です。

日本では2021年9月末の個人の現金・預金残高が1072兆円もあり、その多くを高齢者が抱え込んでいます。この現金・預金を動かす「高齢化社会ビジネス」が最大の未開拓市場で、日本経済復活、各企業の繁栄、そしてあなたの給料上昇のカギとなるのです。

政府はずっと「貯蓄から投資へ」という戦略を強調しています。これはおおいに間違っています。

いまの日本に求められているのは**「貯蓄から消費へ」の戦略**なのです。

第5章

心得

「よいものをより安く」では給料は上がらない

ここまで、賃上げを実現するためには、経営者に要求を伝え、生産性を高められない経営者のもとからはなるべく早く去らなければならないとお伝えしてきました。

この問題を考えるにあたって、どうしても避けて通れない問題があります。それが、日本の多くのみなさんが長年、よいことであると信じ続けてきたある信念、すなわち**「よいものをより安く」提供することの是非を問い直す**ことです。

「よいものをより安く」は人口減少時代には通用しない

日本では多くの人が「よいものをより安く」提供することが善であると教え込まれ、それを信じています。しかし冷静に考えると、実はこの**「よいものをより安く」提供することが、いまの日本を貧乏にしている最大の原因**なのです。

これは経営者だけの問題ではありません。ともすれば**働く人も「よいものをより安く」提供する企業を「よい企業」だと錯覚し、そういった企業を選んでしまう**傾向にあります。

　しかしこれからの日本では、「よいものをより安く」提供する企業の給料が上がることは、まずありえません。**賃上げを達成できるのは、いまより高い付加価値のものを、いまより高い単価で売る企業**です。

　どの国にも、変えてはいけない、守るべき文化や精神というものは存在します。しかしその一方で、時代に合わなくなってきているので積極的に変えなくてはいけない文化と精神もあるのです。

　「よいものをより安く」提供するのが善であるという思い込みは、**低迷する日本経済の現状を打破するうえで、もっとも危険なものであり、即刻排除しなくてはいけない精神**です。

本当に「よいもの」を提供してきたのか

　さて、日本では「よいものをより安く」売る戦略がとられてきたと多くの人が信じてやまないようですが、しかし、よくよく分析すると、大半の場合は言葉どおりではなかったのではないかと思わざるをえません。

なぜならば、本当によいものを安く売ってきたのではなく、**「そもそも安い価格帯のもの、つまりは『安モノ』を、その価格以上に丁寧につくっていた」**というのが実態だからです。

「よいものをより安く」ではなくて「安モノをその価格以上に丁寧につくる」というのは、まさに日本的なすばらしい文化が根底にあります。**日本人はまじめで誠実な人が多いので、与えられた仕事には真摯に向き合い、丁寧にやるのが当然**だと考えられているのでしょう。

私も長年茶道を嗜みながら、同様の精神を学ばせていただいたように思います。茶道では労働そのものを尊いものだととらえ、どんなに社会的に高い立場の人でも苔の掃除を怠ることなく、お客さまのために畳を何回も拭いて、トイレの掃除すら自ら行います。その姿を初めて目の当たりにしたときには、本当に驚かされたものです。

このように、どのような労働でも、その「価値」には貴賤の区別をつけることなく同等に考えるのは、間違いなく日本のすばらしい美徳です。

一方、アメリカやヨーロッパでは、給料の少ない仕事に携わっている人は、自分の仕事に対するプライドが低く、時に手を抜く傾向があります。その点において、日本人とは大違いだと言ってもいいと思います。

このように**与えられた仕事にプライドを持ち、真摯に取り組む日本人の愚直さやまじめさ**はすばらしいと思いますし、日本の「強み」だと個人的には思います。

しかし、この「強み」も、残念ながら「弱み」になってしまう場合があるのです。

この日本人の「強み」を「強み」として活かせるか否かは、**経営者がこの日本人労働者のすばらしい素養をどのように活用するか**にかかっています。それによって、労働者が手にできる給料の水準も大きく変わってくるのです。

端的に言うと、**この強みを高額なプレミアム商品のビジネスに活かせば、すばらしい成果が得られ、給料も上がります**。しかし、**この強みを「安モノ」をつくらせるのに使ってしまっては、「値段の割によい」ものができるだけで、給料は上がりません**。

この話を説明するのにいちばんわかりやすいのが、軽自動車の例です。日本の軽自動車は移動のための機械というとらえ方をすると、非常によくできていると言えます。

価格が安いのは言うまでもありませんし、価格の割には非常に丁寧につくられていて、めったに壊れたりしません。

海外のメーカーでは、日本メーカーほどの低価格ではここまで丁寧に車をつくることはできませんし、そもそもそんなことはしようとすらしません。つまり、**日本のメーカーがつくる軽自動車は、ひいき目なしに、非常に優秀な商品である**と評価できるのです。

しかし、シニカルに聞こえるかもしれませんが、軽自動車というのはどんなに丁寧につくられていても、しょせんは軽自動車です。それ以上でもそれ以下でもありません。いまの価格帯より少しは高い値段をつけることも、場合によっては可能かもしれません。しかし、たとえば欧州の高級車のように1000万円以上で売れるかというと、そんなことはどこの市場に持っていってもありえません。

要するに、日本で軽自動車をつくっているメーカーは、販売価格1000万円以上の高性能な高級車を、より安いコスト、たとえば900万円くらいでつくるという戦略をとっているわけではないのです。**100万円くらいでしか売れない安モノの車を、誰よりも丁寧につくっている**だけなのです。

厳しい言い方に聞こえるかもしれませんが、客観的に見るとこれが真実です。

ビジネスホテルについても同じことが言えます。日本のビジネスホテルは、宿泊費の割には施設もサービスもクオリティが異常に高く、出張で利用するビジネスパーソンなどリーズナブルに泊まりたい人にとってはすばらしい宿泊施設です。

しかし、**海外の水準に照らして評価すると、悪く言えばオーバースペックなだけ**とも言えます。

安い利用料金でいまの品質のサービスが提供できているのは、本当にすばらしいことです。これは確かです。

しかし、軽自動車と同じで、ビジネスホテルもやはりしょせんはビジネスホテルなので、1泊3万円の宿泊費をとることはできません。

つまり、日本のビジネスホテルというのは、**リーズナブルな価格で利用できる非常によくできたホテルなのですが、付加価値は低い**のです。

日本には一つ星ホテルはたくさんありますが、四つ星や五つ星のホテルの数は非常に少ないのが実態です。実は、日本全体の五つ星ホテルの数は、インドネシアのバリ島というたった1つの島より少ないという驚くべき事実があります。

日本の人口は1億2000万人以上で、最新の世界人口ランキングでは11位です。このように人口大国であるにもかかわらず、海外の人がどうしても泊まりたいと思えるようなホテルの数は異常に少ないのです。

かつて日本の電化製品は世界中を席巻していました。このことは疑う余地のない、厳然たる事実です。しかし、あの時代を振り返ってみても、たしかに価格の割に品質のよいものはたくさんありましたが、**いわゆるプレミアム商品はあまり多くは提供されていませんでした**。

逆に、マス市場の中で、低価格なのに高品質な商品が多く提供されていました。これは、日本の商品展開戦略の際立った特徴の1つです。

どの国の市場も、マス、ミドル、プレミアムなどの階層が存在します。日本の場合、マスの市場が厚い一方で、**ミドルやプレミアムの市場が他の先進国に比較して相対的に薄い**のです。

もしかして、いまの話を読んで反発したい気分になられた方もいらっしゃるかもしれません。

そういう反応が起きるのは承知のうえです。中には、「それの何が悪いのだ」と憤りを覚えた人もいるかと思います。しかし、私は別に「悪い」と言っているわけではありませんし、また、否定しているわけでもありません。

ただ、**こういう商品は付加価値が低いので、つくっている人の給料が低くなってしまう**ことをお伝えしたかったまでです。

人口が減少し、高齢化が進行するので、将来の増税は避けられません。**いつまでも「安モノ」をつくり続けていたのでは、貧困に陥る危険を回避できません。**私が言いたいのは、それだけです。

「働く人の忍耐」によってのみ成立するビジネス

日本人の異常とも言える低い給料水準の根っこは、ここにあります。まずは最低賃金を考えてみましょう。

最低賃金を国際比較するときは、その絶対水準ではなく、給料の中央値に対する最低賃金の比率で見るのが一般的です。それによると、**日本の最低賃金はOECDの中で22位で、ハンガリーより下のとんでもない低水準**です（図表5－1）。

そんな最低賃金で働いている500万人以上の日本人の手取り年収は、どれだけ一所懸

図表5-1　日本の最低賃金は世界的に見て異常に低い

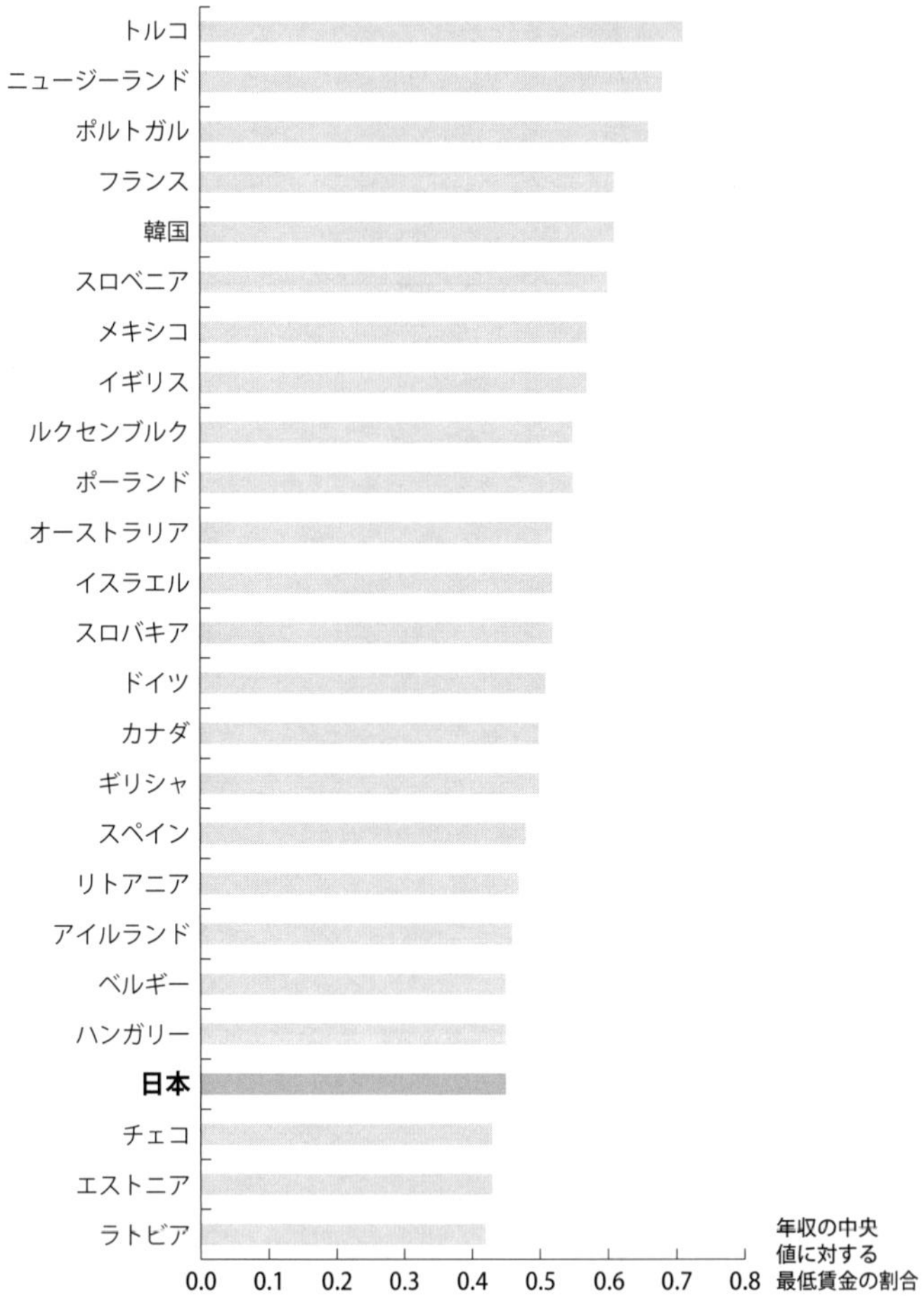

出所：OECDの2021年データより筆者作成

命働いても200万円には達しません。しかし、**彼らは本当に丁寧に丁寧に働いています。**

まさに異常事態で、こんなことが常態化するなんて、他の先進国ではまったく考えられません。

先ほどビジネスホテルを例に説明したとおり、彼らがやらされている仕事は低い付加価値しか生まない仕事ばかりです。そういう**低付加価値の仕事を、とんでもなく低い給料でやらされている**のです。小売業や飲食・宿泊業では、とくにこの傾向が目立ちます。

彼らの多くが、この悲惨な状況に対して文句を言わずまじめに働いていますが、当然ながらそれぞれの仕事にふさわしい給料しかもらえません。こういう環境で働かざるをえない人が多いので、日本人は全体で見ると貧乏なのです。

当然ですが、低い付加価値しか生まない仕事をやっていては、高い給料がもらえるようにはなりません。どれだけ一生懸命、どんなに長く勤めても状況は変わりません。

いまやっている仕事より高い付加価値を生む仕事をしなければ、高い給料をもらうことは一生かかっても無理なのです。

低い付加価値しか生まない仕事についている人は、当然ながらもらえる給料は少なくなります。しかし、彼らに与えられている安い給料は、日本人労働者の潜在的な力を反映しているものではありません。

日本人の労働者の潜在能力がどの先進国より低いという事実は断じてありませんが、残念ながら給料は最低水準です。これこそ、私たちがあらためて認識しておかなくてはいけない現実です。

この問題は、ある**悪循環**の結果、生み出されています。

日本人は勤勉なので、仮に付加価値が低く、低い給料しかもらえない仕事であっても、文句を言わずにこなします。その結果、**その仕事が職業として成立してしまいます**。

経営者としては、低い給料しか支払わなくてもきちんと仕事をこなしてくれるので、**付加価値を高めるための設備投資を行う動機が生まれません**。機械化などをするより、人間のほうがコストが安いからです。

その結果、**多くの人が低い給料しかもらえないまま放置されてしまっている**のです。

これを悪循環と呼ばずして何と呼びましょう。**最悪レベルの悪循環**です。人口が増加している間はこれでも経済は成長しましたが、人口が減少する国では、この仕組みは間違いなく崩壊します。

この経済モデルは**「労働者の忍耐」によってのみ成立**します。この事実を真剣に考える必要があります。

さらに言えば、これまで説明してきたとおり、日本では高齢者が減らず社会保障費の負担がどんどん重くなるのに、納税者が激減し、国の財政が崩壊に向かっています。

この現実を考えると、「よいものをより安く」提供することは、日本という国のためにも、日本人のためにもなっていません。むしろ、**日本という国や日本人に対する深刻な裏切りであり、日本復活の足かせでしかない**と言わざるをえません。

誤解を恐れずにはっきりと真実を言うと、**「よいものをより安く」提供するのは、いまの日本ではただの自己満足にすぎない**のです。

「より付加価値の高いものをより高く」売る

結局のところ、**高い給料をもらいたいのであれば、商品の付加価値を高めないといけない**のです。

日本の宿泊業界は、まさにこの問題に直面しています。日本には、宿泊費の安い、お手頃のホテルはたくさんありますが、**単価の高い高級ホテルが少ない**のは、すでに紹介したとおりです。

単価の高いホテルにはいくつかの特徴があります。その1つが部屋の広さで、宿泊費が高いホテルのほうが、部屋が広い傾向があります。もちろん、単価の高いホテルのほうが設備も整っています。

また、宿泊費の高いホテルほど、設備だけではなく、**部屋数に比較して多くのスタッフがサービスにあたっています**。同時に、宿泊費の高いホテルのほうが**品質の高いサービス**を提供しています。ルームサービスの充実に努めたり、コンシェルジュの教育も強化し、宿泊客のあらゆる要望に応えられる体制を整えています。

単価の高いホテルでは、こういった高度なサービスを提供することができる優秀なスタッフを、**高い給料**でそろえています。最低賃金で働いているような人を見かけることはめったにありません。

私がここで宿泊業の状況を例に挙げたのは、問題の本質が**「販売価格が高いか安いか」**

だけにとどまらないことをお伝えしたかったからです。

日本の宿泊費の単価の安さを指摘すると、「日本のホテルの宿泊費が安いのが問題だったら、上げればいいのではないか」と言われてしまうことがあります。しかし、単純に宿泊費を上げれば問題が解決するというものではありません。

すでに述べましたが、たしかに日本のホテルの宿泊費は、部屋のクオリティやサービスの割には安いかもしれません。しかし、他の要素を変えず宿泊費を2倍にできるかというと、それはありえません。**さまざまな要素のグレードアップが同時に求められる**からです。

たとえば、日本のビジネスホテルの多くは、クレーム対応を避けるためにお客との距離をおき、できるだけ直接のコンタクトを避ける形でサービスを提供していると言われています。その結果、提供するサービスの幅が狭くなっています。

一方、海外の一流ホテルは、お客とのコンタクトをできるだけ増やし、お客の細かいニーズを吸い上げ、お客の悩みを聞き出し、それらを解決することによって、部屋代以外の報酬を稼いでいます。もちろんお客の要望をきちんと引き出し、期待に的確に応えたサービスを提供するには、能力の高い高度な人材が求められます。

つまり、日本のお手頃価格のホテルと海外の一流ホテルでは、宿泊費だけではなく、**基**

本となるビジネスモデルが根本的に異なるのです。

誤解を避けるため一応言っておきますが、日本で海外の一流ホテルのようなビジネスモデルを展開するのが難しいと言っているわけではありません。もちろん、「日本人スタッフには無理」という暴論を吐くつもりも毛頭ありません。

正直、日本の場合、海外の一流ホテルのようなビジネスモデルも展開できるのに、**ただ単にやっていないだけ**のような印象を受けています。そもそも、日本人は教育水準も高く、人材のクオリティも高く評価されています。**日本人スタッフに海外の一流ホテル並みのサービスを提供する能力が欠けているということは、絶対にありえない**のです。

もう1つ誤解を避けるために申し上げておくと、私は、日本で提供されてきた既存の商品を否定しているわけでもありません。これまで市場に広く受け入れられてきた商品であれば、その商品に求められる規格に合った、非常によくできた商品だったと判断するほうが妥当です。

しかし、いまある商品以外にも、まだ開拓されていない、つまり発掘されていないより高付加価値のビジネスに手をつけず、見過ごしてしまっているのは、**非常にもったいない**

と常々感じています。

いずれにせよ、これまでと同じことをやり続けるのであれば、いままで以上の給料をもらうのは難しいのが現実なのです。このことこそ、私がお伝えしたい核心です。**いままでの商品より高度な商品を提供しないかぎり、給料が上がるはずはありません。**

繰り返しになりますが、人口が減少する以上、いままで以上の給料をもらいたいならば、いままでと同じ商品を継続して提供するだけでは不十分です。

いまの会社で働き続けるなら、**より付加価値の高い商品を開発するよう、経営者に働きかける**べきです。それが難しいなら、**より付加価値の高い商品をつくっている会社に転職するべき**です。

これこそ、**あなたが取り組むべき「給料交渉」の心得**です。

どちらの道を選ぶにせよ、事態の打開には大きな変革が必要です。もしそれが無理だというのであれば、給料は上がりません。あとはもう、あきらめてもらうしかなくなります。

第6章

戦略

イノベーションが起きる会社を選ぶ

前章では、日本を貧しくしている元凶である「よいものをより安く」という妄信について説明しました。この妄信を解いて、**「より高い付加価値のものを、より高い価格で」**提供しないかぎり、あなたの給料が上がることはありません。

すでに説明したように、今後も国や会社に頼っているだけでは、給料がまったく上がらなかった過去30年を繰り返すだけになってしまいます。このことを自覚し、みなさん1人ひとりが「給料交渉」を始めるべきです。給料交渉の目的や手段、心得については、前章までにお伝えしました。

ここで、あらためておさらいをしておきましょう。

あなたがまず行うべきなのは、**いま働いている会社の顧客が、今後も増えるのか、それとも減っていってしまうのか、しっかりと見極める**ことです。

もし顧客が減ることが予想されるのであれば、いままでとは異なる客層で新たな需要を掘り起こすことができるのかの見極めも重要になります。

そのうえで、**経営者に自らの要望を伝え、経営戦略について話し合う**べきです。

仮に、いま勤めている会社の顧客が減ってしまうことが予想され、かつ、経営者には何の対策も打てそうにないと判断されるようであれば、**転職を考えるべき**です。転職先としては、顧客の増加が見込まれる会社、もしくは顧客の減少への対策が講じられそうな会社を探してください。

また、仮に顧客の数自体は減らないとしても、提供する商品やサービスに変化がない場合、1人あたりの生産性はおそらく上がらないでしょう。

その状態が続くと、年功序列で上がる定期昇給分以上には給料は上がりません。一方で、社会保障費の負担は年々重くなるので、手取り収入は相対的に減ってしまいます。結果として、あなたはいまより貧乏になってしまうのです。

賃上げを継続するにはイノベーションが必要

さて、あなたが持続的な賃上げを手にするためには、将来にわたって需要を確保できる企業で働くことが絶対に必要であるという、きわめて基本的なお話はご理解いただけたと思います。では、**その需要を取り込み、給料上昇につなげる**ためには、どうすればいいのでしょうか。

給料は労働生産性と労働分配率によって決まるという件に関しては、すでにお伝えしたとおりです。次に理解するべきポイントは、労働生産性を上げるメカニズムと、給料を引き上げる秘訣です。

結論から言うと、第3章で説明した「毎年1・4%」の給料の引き上げは**労働生産性の向上**によってのみ決まります。そして労働生産性は、**イノベーション**によってのみ上がります。

つまり、**給料はイノベーションによって決まる**のです。

少し前まで「イノベーション」という言葉は「技術革新」と訳されていたため、主にテクノロジーにまつわる概念の1つとして使われていました。しかし、それは正確ではありません。

革新的な技術が生まれても、その新しい技術が広く使われなくては何の役にも立ちません。その技術が日常的なものになって初めて、イノベーションが達成されることになります。

さらに近年では、以前に比べて「イノベーション」という言葉の持つ意味合いが非常に広くなりました。いまではテクニカルな「技術」だけではなく、組織の変革、働き方の改革、企業のあり方などにも「イノベーション」の概念が使われています。

わかりやすく言えば、**「イノベーション」というのは「新しいアイデア」と「その実践」を意味する言葉**になっているのです。

言葉の定義が人によってばらばらだと、建設的な議論が進みにくくなるので、まずはイノベーションという言葉に関してコンセンサスをつくっておきましょう。

私が定義してもいいのですが、より詳細で確実なイメージを持っていただくため、他社が提示している定義をご紹介します。

日本最大級の人事ポータルサイトであるＨＲプロのＷｅｂページに、イノベーションの基本が非常にうまくまとめられていますので、少し長くなりますが、引用させていただきます。

そもそも「イノベーション」とは何か？ 今のうちに知っておきたい言葉の意味や定義、種類

「イノベーション」とは、モノや仕組み、サービス、組織、ビジネスモデルなどに新たな考え方や技術を取り入れて新たな価値を生み出し、社会にインパクトのある革新や刷新、変革をもたらすことを意味する。

現在の企業にとって、イノベーションを成功させられる組織であるかどうかは非常に重要な経営課題だ。ところが、「イノベーション」という言葉の意味を考えた時、「何か新しいことに挑戦すること」、「停滞した状態から変革をおこすこと」といったような、なんとなく、ぼんやりとしたイメージで使用していないだろうか。まずは正しい概念を理解するために、大前提として、「イノベーション」の言葉の意味と定義から確認していこう。

近年、ビジネスシーンで頻繁に目にするようになったこの概念は、ヨーゼフ・シュ

ンペーター、クレイトン・クリステンセン、ヘンリー・チェスブロウの3人の提唱者による理論から発生した。それぞれの理論は下記の通り。

（1）ヨーゼフ・シュンペーターの「5種類のイノベーション」

シュンペーターはオーストリアの経済学者で、1912年に発表した著書の中で「イノベーションを核とした経済発展理論」を展開した。彼は「経済の発展には企業家によるイノベーションが重要である」と提唱。下記の5種類をイノベーションとしてあげている。

プロダクト・イノベーション（新しい生産物の創出）

従来とはまったく違う、革新的な新商品（新製品・新サービス）を開発すること。

プロセス・イノベーション（新しい生産方法の導入）

企業の商品（製品やサービス）を大きく変化させるのではなく、生産工程や流通方法を改善すること。

マーケット・イノベーション（新しい販売先・消費者の開拓）

新たな市場に参入し、新たな顧客、ニーズを開拓すること。

サプライチェーン・イノベーション（新しい供給源の獲得）

商品をつくるための材料や、その原材料の供給ルートを新規開拓・確保すること。

オーガニゼーション・イノベーション（新しい組織の実現）

組織変革によって業界や企業に大きな影響を与えること。

（2）クレイトン・クリステンセンのイノベーションと「イノベーションのジレンマ」

ハーバードビジネススクール 教授のクレイトン・クリステンセンが、著書の中で提唱した理論。イノベーションには「創造的／破壊的」の2種類の手法があるという。

創造的イノベーション

顧客の意見や要望を取り入れながら進めるイノベーション。「持続型イノベーション」ともいう。

破壊的イノベーション

既存の概念にとらわれず、新たな発想を積極的に取り入れることで、新製品や新サービスを生み出していくイノベーション。「破壊型」ともいう。

なお、クレイトンは上記の理論とともに「イノベーションのジレンマ」という課題も説いている。「イノベーションのジレンマ」とは、イノベーションに取り組む過程で起こった何かの要因によってイノベーションが起こせない状況に陥り、その結果、他の追随や追い越しを許してしまうことである。

(3)ヘンリー・チェスブロウの「クローズドイノベーション/オープンイノベーション」

ハーバード大学 経営大学院 教授・チェスブロウが提唱した、イノベーションの2つのパターン(クローズド/オープン)である。

クローズドイノベーション

1990年代以前の、研究から製品開発までを自社の経営資源のみで行う「自前主義」が主流だった時代に流行したイノベーションを指す。

オープンイノベーション

外部資源や他業種がもつ技術・ノウハウを組み合わせて活用する手法。90年代以降、インターネットやテクノロジーの飛躍的発展に呼応してグローバル化・産業構造の変化・人材流動化が加速し、市場競争も激化したことで、大企業といえども自社の資源のみでイノベーションを起こすことはほぼ不可能となったために注目された。現在の日本では、クローズドイノベーションからオープンイノベーションに変化しているといえる。

現在、ビジネスシーンで使われている「イノベーション」とは

ここまで、「イノベーション」という言葉を使う上で押さえておきたい、基本中の基本となる理論を紹介した。では、現在企業が必要としている「イノベーション」とは何かというと、「これまでにないサービスや、今はまだ存在していない新たな製品など

を生み出すこと」である。語源の「innovare」（ラテン語）がもつ「新しくする、更新する」といった意味から派生した。

よく「技術革新」と和訳されてきたが、本来は技術に限定する狭義の単語ではない。サービスや組織、ビジネスモデルなどの新たな考え方や新技術によって、今までにない、まったく新しい価値創造を目指すことだ。単に新しい物を作る「クリエイト（クリエイティブ）」とは異なり、「社会に対して革新・刷新・変革をもたらす」という広い概念である。

なぜ、今「イノベーション」が注目されているのか

言葉の来歴や概念・定義を押さえたところで、次に、なぜ現在、「イノベーション」に注目が集まるようになったのか、その理由や背景などを確認していこう。主な理由は下記の4つである。

・大きな経済成長

「イノベーション」に成功した企業は、莫大な経済的成果を得る傾向が大きい。そのため、企業が成長を促進し、維持していくために、新たな価値を創造するイノベーションを求めることは当然だ。つまり、イノベーションを成功させ、新たな市場開拓ができれば、収益拡大と維持につながるのだ。

・企業課題の解決と生産性向上

日本に限らず、「人手不足」は企業の大きな課題となっている。人手不足の結果、長時間労働や健康経営の阻害など、社員と企業どちらにとっても良い影響は生まれない。例えば技術面でのイノベーションによって新たな生産方式を確立することで、社員の生産性向上や労働課題の解決を目指している企業は大変多い。

・企業規模にかかわらない市場独占の可能性

イノベーションによって生まれた新たな商品（製品やサービス）によって、新しい価値創出、市場開拓を可能にする。イノベーションを起こせば、競合他社がまだ参入していない市場を一時期であっても独占することが可能になる。この「市場独占」の可能性は、資本力の小さい中小企業や個人事業にも等しくあり、大企業に対抗しうる機会にもなるだろう。既存の市場では競争できなかった小規模な企業にとっても、イノベーションの成功は魅力的な取り組みなのである。

・国内外での市場競争の優位性獲得

企業にとって、市場競争における「優位性獲得」は、戦略的事業の肝ともいえるだろう。例えば、新技術の特許を取得することは企業の大きな強みになり、顧客に新たな価値を提供することにもつなげられる。さらに、既存顧客に対するメリット提供だけでなく、新規顧客獲得にも重要な要因となる。もちろんこれは国内に限らず国外に対しても有効で、グローバルな優位性獲得も視野に入れられるだろう。

「イノベーション」を起こすための3つの企業課題

グローバル化が進み、新興企業の台頭や技術革新など、これまで日本企業が保っていた「競争優位性」が失われつつあるといわれて久しい。新たな市場開拓を成功させたイノベーション事例は確かに少ないのが実情だ。日本が誇る技術力はいまだに高い評価を得ているというのにイノベーションが生まれないのは、日本企業に独特の課題があるからではないかといわれている。それでは、日本企業がイノベーションを起こし、成果を上げるための「課題」とはどのようなものだろうか。

・継続可能なイノベーション維持ができていない

技術革新や市場環境の急速な変化に対応するためには、「一度イノベーションを起こせたらもう安泰だ」という思考ではいけない。企業の成長維持のためには、「継続的なイノベーション」と「新規顧客と市場の開拓」を常に続けていく必要がある。日本企業は、既存の製品・サービスを高機能化させる方向での持続的イノベーションをやめられない傾向が強いが、既存商品のグレードアップでは、日々新たなものが生み出される現状には対応できず、だんだんと競争力が下がってしまうのだ。これも、日本企業が抱えるイノベーションに対する課題のひとつである。自社商品がもついわば「寿命」をきちんと認識し、適切なイノベーションを実施することが必要だ。

・「イノベーション・マネジメント」導入が遅れている

イノベーションに関する企業の意思決定は、何よりも「スピード」が大切だ。アイディアやビジネスモデルの創造、そして事業化するまでのプロセスを迅速にしなければならない。つまり、既存事業を持続させようという考えでは、イノベーションが起こりにくいのだ。そこで、イノベーションをいち早く起こすことに特化した「イノベーション・マネジメント」の迅速な導入、労働環境を変化させることが重要になる。

・社内制約と企業ローカル文化による消極的な姿勢

「成果主義」を標榜する企業が増えつつあるが、日本企業にはまだまだ旧態依然とした前提による人事評価制度が習慣として残っているといえる。失敗を恐れて、積極的なチャレンジよりも会社方針に従順にすごすことを旨とする社員も増えているようだ。また、コロナ禍で顕在化したように、規模の大小にかかわらず、社会情勢や市場の変化によってたやすく経営悪化に陥るので、「寄らば大樹の陰」という気持ちは強まり、必要な衝突であっても避けてしまう傾向がある。イノベーションの阻害要因として、これらの閉鎖的な企業ローカル文化や足並みをそろえたがる社員のマインド、企業制約が指摘されている。

「イノベーション」を起こせる企業の特徴とは

積極的に市場開拓に臨み、閉鎖的なローカルルールを排除できる企業が「イノベーションを起こせる企業」だとわかった。それでは、実際にイノベーションに成功している企業に共通する「特徴」をあげてみよう。

・市場変化と時代の流れに対し、常に敏感なアンテナを張っている

誰も思いつかないようなアイディアや、卓抜した経営センスによる閃きだけがイノベーションを生むと思われがちだ。しかし、前述の通り、イノベーションには、自社が長く培ってきた技術を向上させることで起こる「創造的（持続型）イノベーション」や、他社や外部との提携によってまったく新しい価値を創造する「オープンイノベーション」などもある。そして、「破壊的イノベーション」を起こすことができれば、短期間であったとしても、市場独占によって大きな利益を上げる可能性もある。市場の変化や潮流に敏感であること、常に模索を続けることが非常に大切だ。

・リスクに対する正確な理解があり、適切なアクションがとれる

イノベーションは、「不確実性」と「リスク」が常に隣り合わせだといえる。特に「リスク」は企業の既存事業にも大きな影響を与える可能性があり、企業経営者は判断に慎重になる。しかし、経営陣や管理職がリスクに関して大きな誤解をしている場合がある。イノベーションを起こすには経営資源の先行投資は不可欠だ。財務状況を分析し、不確実性やリスクが高い場合は「何もしない」という選択肢を選びがちだ。しかし、これでは市場にイノベーションが起きた際には他社に出遅れ、売上・利益は獲得できない。さらには、既存事業からも撤退せざるを得なくなるかもしれない。経営層による「リスクの正確な理解」と、「適切なアクション」は、企業がイノベーションを起こす第一歩だ。

・社内外でのコミュニケーション環境が整っている

「イノベーションを起こしやすい労働環境」というものがある。そのような環境構築のためには、企業側がイノベーション人材をきちんと支援する体制をとることが非常に大切だ。特に、「コミュニケーション環境」を整備することが最も重要な必要条件となる。潜在的な顧客ニーズを検知し、実現するための技術革新ができた時、イノベー

ションが生まれるという。そのため、イノベーションを担う人材には、積極的に顧客と会話する自由や、テストマーケティングが行えるような「コミュニケーション環境」が必要だ。また、社外とのコミュニケーションだけでなく、社内でも他事業部間でコミュニケーションを活発に行わせることも、イノベーションを成功させる道である。

今後の予測が困難な時代となり、企業のこれからの存続、継続的な成長に「イノベーション」は欠かせない。一見すると理解していると思いがちな言葉の意味や定義、実際に企業が取り組むうえで大切な姿勢と解決すべき課題を本記事では取り上げた。重要なのは、ある企業に成功をもたらしたイノベーションが自社にも通用するとは限らないということだ。多様な定義から自社に必要なものを見つけ、解決すべき課題にフィットする「イノベーション」を創造することが肝要である。

出所：HRプロ（ProFuture株式会社）https://www.hrpro.co.jp/series_detail.php?t_no=2221

どなたの手による説明かはわかりかねますが、イノベーションに関して私から説明を付け加える必要がないほど、見事な解説だと思います。

さて、あなたが今後、給料を上げてもらえる可能性があるか否かを見極めるためには、あなたの会社が先の説明にあった「『イノベーション』を起こせる企業の特徴とは」に示されている特徴を備えているかどうかを確認する必要があります。

まずは、**会社が戦略的にイノベーションを起こそうとしているか否か**です。これに関しては、日常の業務の変化によって判別がつきます。

第1章で、日本と他の先進国の賃金動向を紹介しました。その際に示したデータからも明らかなように、日本以外の国々でも、突然何らかのイノベーションが起き、生産性と給料が短期間に急激に伸びて日本を追い抜いていったという事実はありません。

それらの国では**イノベーションを日常的に繰り返し、毎年、日本を1％程度上回る成長を遂げた結果、生産性と給料が大きく伸びただけ**なのです。

この事実からは、**小さくてもいいので、不断のイノベーションを続ける**ことの重要性を学び取ることができます。

どうしたらイノベーションを起こせるのか

「イノベーションが大事だということはわかりましたが、イノベーションを起こすために、私たちは何をどうすればいいのですか」という質問をされることがあります。もしかしたら、みなさんの中にも同じ質問をしてみたいと思われた方がいらっしゃるかもしれません。

しかし、失礼を承知で申し上げると、**この質問を私に問いかけること自体、または質問してみようと思うこと自体が大問題**です。

なぜならば、イノベーションというものは一度やってうまくいったら「はい、おしまい！」とすべきものではなく、**毎日、永遠に起こし続けていくべきもの**だからです。

また、日本には現在、約360万社の企業があります。それぞれ業種も会社の規模も異なっており、それぞれの会社ごとに異なった内情を抱えています。当然、必要となるイノベーションも企業によって違います。

そのため、**イノベーションとは、一様に「これをやればいい」とアドバイスできる類のものではけっしてない**のです。

私がこのように答えると「なんだ、アトキンソンのやつ、偉そうに御託を並べるだけ並べて、自分でも答えを持ってないじゃないか」「無責任だ」「口ばっかりで中身がない」など怒りだす人もいます。繰り返しになりますが、私に対して怒りを覚えること自体が的外れです。

よく考えてみてください。蒸気機関車ができる以前に、誰が「蒸気機関車をつくるべきだ」と言えたでしょうか。「どんなイノベーションを起こすべきか」と聞くのは、「蒸気機関車をつくるべきだ」と教えろと要求しているのに等しいのです。

そんな無責任なアドバイスを口にできるのは、**よほどの自信過剰か詐欺師か**のどちらかです。

生産性を高める5つの要素

とはいえ、ここでお話を終わりにしてしまうとなんだか突き放したようになってしまいますので、イノベーションを起こすための方法に関して、切り口を変えてもう少しくわしく見ていきましょう。

イギリス政府の依頼によってまとめられた「The Five Drivers of Productivity」という論文では、生産性向上をもたらす主要因の存在が明らかになっています。

この研究によると、**生産性は以下の5つの要因によって上がります。**

（1）entrepreneurship
（2）設備投資
（3）人材投資
（4）技術革新
（5）競争

（1）entrepreneurship

このうち、生産性向上ともっとも関連性が高いのが **entrepreneurship（アントレプレ**

ナーシップ）です。生産性とentrepreneurshipの相関係数は0・91と非常に高くなっており、entrepreneurshipが生産性向上の決定的な要因だと結論づけることができます。

ここではentrepreneurshipという単語を英語のまま表記していますが、それには理由があります。

日本ではentrepreneurshipを「新しい企業を設立する起業家精神」と訳している人が多いのですが、英語では本来、起業だけを意味する言葉ではありません。**「新しいことに挑戦すること全般」**を指します。

さてここで、「entrepreneurshipとイノベーションは、どんな関係なのか」という疑問が湧いた方もいるのではないでしょうか。実際問題、生産性向上の観点で見ると、英語のentrepreneurshipとイノベーションは表裏一体です。

すでに説明したとおり、イノベーションは技術革新を含め、あらゆる「新しいアイデア」を包含した概念です。そして、生み出された新しいアイデアを実行する人がentrepreneur（アントレプレナー）という関係です。

アイデアをビジネスに変えて、生産性向上をはかるのは人間です。また、すでに説明したとおり、イノベーションを完結させるためには、新しいアイデア（とその産物）が日常的なものとして定着するよう、広めなくてはいけません。こういうことは、ロボットやAIには不可能で、できるのは人間にかぎられます。

となると、**entrepreneurshipは経営者の専権事項である**ということが明白になります。新しい技術の導入や、組織変革などは、経営トップ以外の人物のアイデアが加えられていたとしても、最終的にGOサインを出すのは経営トップ以外にはありえないからです。

つまり、entrepreneurshipを実現するには、**経営トップの実行力**が何よりも大事なのです。

ちなみに、日本で生産性向上について議論すると、**「成長産業を育成することが大切だ」と言われることが多いのですが、それは間違い**です。

1990年代以降に世界中で起きた生産性の向上は、特定の成長産業だけが伸びた結果ではありません。**ITの新しい技術を使うことで、ありとあらゆる産業のありとあらゆる企業で、まんべんなく生産性が伸びた**のです。

「成長産業だけに頑張ってもらって、生産性を向上させてもらおう。うちは現状維持でいい」という他人任せのスタンスは、いかにも日本的だと思います。

（2）設備投資

先ほど紹介した研究の結果を見ると、**設備投資**がentrepreneurshipに次いで2番めに強い生産性向上要因であることが明らかになっています。相関係数は0・77でした。トップが決断を下したイノベーションを実現するためには、当然のことながら相応のコストがかかります。新しい機械を導入するにせよ、必要なソフトを購入したり開発したりするにせよ、**イノベーションの実現には何らかの投資が不可欠**だからです。そして、その投資が大きくなるほど、より大きな生産性の向上効果が期待できます。

（3）人材投資

イノベーションの実現のために新たな取り組みを始めたり、設備投資を行うには、社員の教育や研修も不可欠となります。最先端技術を理解したり、新しいシステムを勉強しなくてはいけないからです。

もちろん、これらの人材教育にもお金がかかります。このような**人材投資**と生産性向上の間の相関係数は0・66です。

(4)技術革新

イノベーション実現のためには、**技術革新**も必要です。先ほどの研究結果では、生産性向上への貢献度の順位では技術革新は4番めで、相関係数は0・56でした。

この順位に対して、違和感を覚える人が少なくないのではないでしょうか。実際、私の周りでも「イノベーション=技術革新」と考える人が、日本ではまだまだ多数を占めている印象を受けます。

先に引用したイノベーションの説明でも指摘されていますが、「日本は技術大国だからすごいんだ」と何かの経典のように繰り返し、「技術革新」の重要性を唱える人が少なくないので、余計に強い違和感を覚えるのでしょう。

実際、イノベーションにとって技術革新が重要なのは私も否定はしませんし、日本は世界トップクラスの技術大国だとも思います。

しかし、残念ながら**技術力という潜在能力が高くても、その技術が使われていなければ、**

ないのと同じです。「宝の持ち腐れ」というものです。

忘れてはいけないのは、**生産性は技術力によって決まるのではなく、技術をどこまで広く普及させ、活用できるかにかかっている**のです。

特許庁によると、日本は特許の登録数では毎年世界トップクラスですが、同時に、一度も使われたことのない特許の数でも世界トップクラスだそうです。

要するに、日本にはイノベーションを起こすアイデアはあるものの、そのアイデアをチャンスととらえて、ビジネスに広く活用することができていないのです。そうなってしまっている最大の理由は、**イノベーションを起こす能力を備えた経営者が足りていない**という結論につきるのです。

また、政府が既得権益者を守りすぎることで、破壊的な技術革新が一般に普及しない面もあるかもしれません。

さらに言うと、日本では経営者の平均年齢が年々上昇しています。このこともまた、日本でイノベーションが起きづらくなっている負の要因の1つである可能性が高いと考えられます。

（5）競争

この分析では、**競争と生産性向上には、相関は見られませんでした。**相関係数は0・05と、非常に低い数値にとどまっています。

適度な競争は必要であっても、過当競争が生産性を下げるので、両者の効果が打ち消し合うと結論づけられています。要は、競争と生産性向上の間には複雑な因果関係があって、かならずしもプラスに働くとはかぎらないのです。

繰り返します。生産性、ひいてはあなたの給料が上がるか否かは、**新しいアイデアを広く普及させ、定着させるイノベーション**の成否によってのみ決まります。

理由はよくわかりませんが、このことに関してはなぜか忘れられがちなようです。しかし、非常に重要なことなので、いま一度、真剣に受け止めるように認識を新たにするべきです。

イノベーションが起きる会社を見極める3つの数字

イノベーションがどの程度達成できているのかは、主に**3つのデータ**を確認すればわかります。これは、国全体にも、またあなたが個別の企業や経営者を評価する際にも使える共通の指標です。

以下の3つです。

（1）研究開発費
（2）設備投資費
（3）人材投資費

（1）研究開発費

あまり認識されてはいないのですが、他の国と比較すると、実は**日本の研究開発投資は**

図表6-1　日本の研究開発費はけっして多くはない

総額（億ドル）		対GDP比（%）		1人あたり（ドル）	
アメリカ	6,127.1	イスラエル	4.9	韓国	1,935
中国	5,148.0	韓国	4.6	アメリカ	1,866
日本	1,726.1	台湾	3.5	シンガポール	1,832
ドイツ	1,319.3	スウェーデン	3.4	台湾	1,822
韓国	1,000.6	**日本**	3.2	イスラエル	1,810
フランス	636.6	ドイツ	3.2	スウェーデン	1,707
インド	586.9	オーストリア	3.2	オーストリア	1,672
イギリス	517.0	フィンランド	3.2	スイス	1,648
台湾	429.5	アメリカ	3.1	ドイツ	1,586
ロシア	385.5	デンマーク	3.1	デンマーク	1,450
				ベルギー	1,395
				日本	1,375

注：購買力調整済み
出所：OECDの2019年データより筆者作成

多くはありません。

日本は人口が多いので、当然、研究開発費の総額は大きく世界3位です。一方、人口1人あたりで見ると日本の順位は12位で、上位にランクインしてはいません。

ちなみに、図表6-1にありますように、1位は韓国、次いでアメリカ、シンガポール、台湾と、最先端技術を誇る国々が続いています。日本の12位という順位は、実はベルギーより下です。

研究開発にお金をかけてこなかった報いは、今回のコロナ禍で白日の下にさらされました。ご存じのとおり、アメリカやイギリスの製薬メーカーがいち早くコロナのワクチンを開発し、世界中で使われているのに対し、日本の製薬メーカーはまだ1社も自前のワクチンの開発・承認にいたっていません。

このような差が生じてしまったのは、**日本以外の国が長年、研究開発費に莫大な金額を投じてきた結果、新しい技術が資産として蓄えられてきたこと**が大きな要因です。

コロナのパンデミックが始まると、ファイザーやモデルナなどの欧米の製薬会社が、すでに開発されていた自社の新技術を応用してワクチンを実用化しました。これらのワクチンを自国の国民に早期に接種させただけにとどまらず、世界中に輸出し大きな利益を手にしたのは、みなさんもよくご存じだと思います。

(2) 設備投資費

1人あたりの設備投資の総額ランキングを見ると、日本の順位はG7の中で5位です。5位という順位は、けっして胸を張れるようなものではありません。

投資金額で見ると、**韓国やアメリカなどにかなり大きく水をあけられています**(図表6-2)。とくに日本の人口減少問題を考えれば、この水準は非常に低いと言わざるをえません。

図表6-2　日本の設備投資はG7で5位

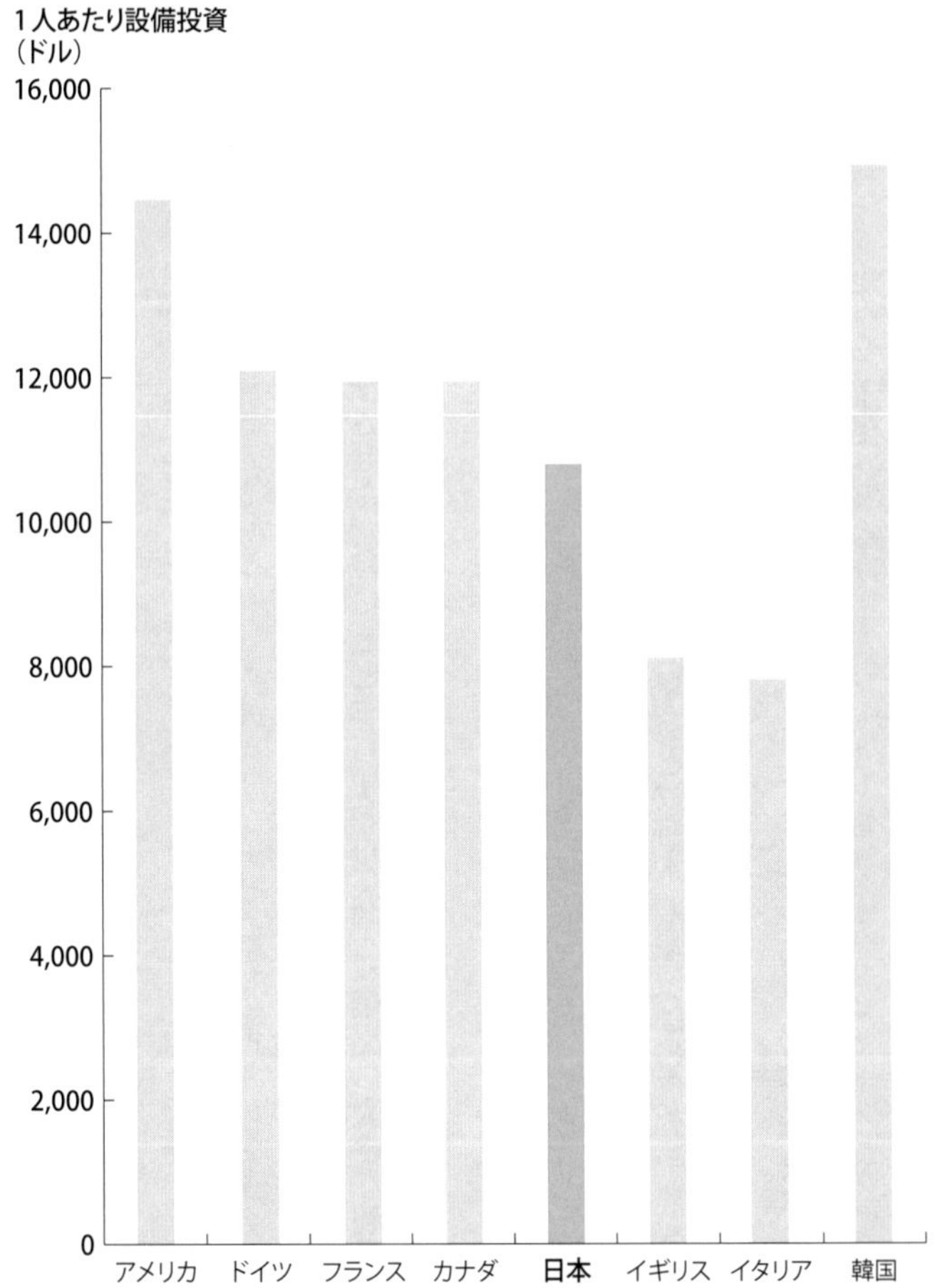

注：購買力調整済み
出所：世界銀行の2019年データより筆者作成

（3）人材投資費

一方、人材投資の額は、日本の場合**「恥ずかしい」と表現するのにふさわしいほど低水準**です。図表4-2でご紹介したとおり、日本の人材投資額はGDP総額のたったの0.1%でしかありません。欧州は1%、アメリカは2%です。

このように日本の人材投資額が「恥ずかしい」レベルにまで少ないのは、**日本では社員を「人件費」、すなわちコストとしてとらえ、「人材」、すなわち投資であるとは考えていないこと**のあらわれです。

さらに言うと、日本企業では頻繁な異動が行われ、働く人の専門性がまったく高まらないという問題もあります。霞が関はその典型ですが、多くの日本の大企業に共通する悪習だと思います。

あなたの会社が「研究開発」「設備投資」「人材投資」にどれだけのお金を投じているかは、**今後あなたの給料が上がるか否かを測る、重要な判断基準**になります。

先ほど、日本の人材投資額の少なさは「恥ずかしい」レベルだと述べました。この「少なさ」はまごうことのない事実です。

しかし、「少ないのが恥ずかしいのであれば、増やせばいいのではないか」と考えるのは短絡的にすぎ、かつ危険です。

というのは、日本において研究開発にも、設備にも、人材にも非常に少ない投資しか行われていないのは、**イノベーションが盛んに行われていないから**なのです。その結果、**イノベーションにつながるアイデアも生まれないという悪循環**が生じてしまっているのです。

研究開発投資も設備投資も人材投資も、イノベーションを起こすには欠かせないので、イノベーションを盛んに起こすように努めれば、これらへの投資は自然と増えます。

しかし、**イノベーションを起こす気もないまま、投資だけを増やしても意味がない**のは言うまでもありません。くれぐれも目的と手段を取り違えないよう留意するべきです。

スローガンに惑わされてはいけない

さらに言うと、**会社が掲げるスローガンやキャッチフレーズには惑わされない**よう、気をつけなければなりません。

日本では、スローガンやキャッチフレーズだけは勇ましいのに、投資がともなわないことが少なくありません。「選択と集中」「働き方改革」「女性活躍」「貯蓄から投資へ」などの幟《のぼり》を掲げるだけでは効果が出ないのは、言うまでもありません。

私は以前、アナリストとして日本の主要銀行を担当していました。そのときもスローガンだけが先行し、資源投入の戦略があまりにお粗末であきれさせられたことがあります。ある銀行が「これからはプライベートバンキング戦略を徹底し『預金から投資へ』の転換をうながす」と声高に喧伝していました。

あたかも日本経済に大革命を起こすかのような大々的な発表のしかたで、実際、アナリストたちは大興奮し、マスコミもその発表に乗っかりました。

しかし、実際にその戦略を進めるための人材計画を見て、心底びっくりしました。プライベートバンク部門に配置されるスタッフが十人にも満たないことになっていたのです。後になって人員を大幅に増やすこともなく、この計画は結局鳴かず飛ばずで終わりました。**幟を掲げただけで人材投資も設備投資もしないのですから、この戦略の失敗は当然の結果だった**と言えます。

民間企業である銀行の失敗であれば「バカじゃないの」と笑いとばすことも可能ですが、国（政府）の失敗の場合、そんなことも言ってはいられません。

しかし、ここ最近の政策の実行計画を分析すると、先の銀行のことを笑えないほど稚拙でお粗末なものが見つかり、びっくりさせられることが少なくありません。

歴代の政府の戦略を見返すと、たとえば「今後○年で、海外への輸出可能な企業を増やす」という形で、大々的に喧伝する例が少なくありません。しかし、このときの数値目標はたったの1万社でした。

たしかに「1万社」と言われると大きな数字のように感じます。まったく何もしないよりはマシですが、しかし、日本には約360万社も企業があるのです。1万社増えたところで全体への影響はないに等しく、実際には何もやらないのと大差ありません。

声を大にして期待感を高めること自体は、さして害もないので別にかまいません。しかし実際の資源の投入がいい加減すぎて、結局何も変わらないのが、日本が長いあいだ繰り返してきた失敗の実態なのです。この点に関しては、一刻も早く改善をしてほしいと思います。

会社の戦略を見るときにも、スローガンに惑わされることなく、設備投資や人材投資などの「実際の規模」に注目するべきです。

もし、あなたが働いている企業では現段階で投資がなされていないようであれば、会社側に働きかけを行うべきです。要求を出しても会社側が応えてくれないようであれば、そんな会社には見切りをつけて、転職する道を探るべきでしょう。

このことは、**転職先の将来性を見極めるときにもたいへん重要なポイントになる**ので、心にとどめておいてください。

第７章

戦術

「４つの基準」で働く会社を評価する

前章では、**自分が働いている会社が人口減少に対応できるだけのイノベーションを起こす力があるのか、1人ひとりがきちんと見極める必要がある**と説明しました。

当然のことですが、いつの時代でも環境や状況の変化に適切に対応した商品やサービスを開発し、新しい顧客層の獲得に成功すれば、会社は順調に付加価値を高められるようになります。それは社員の給料をきちんと引き上げることに直結します。

当たり前のことを当たり前にできる会社を選ぶ

「何を当たり前のことを」「いまさら言われなくても、そんなことはわかっている」と思われる方もいらっしゃるかもしれません。そう思われた方は、ぜひここ数十年の日本の状況を振り返ってみてください。

この数十年間、日本の経済はよくなりましたか。

私たちの暮らしは豊かになりましたか。

本書でも何度も指摘していますし、多くの方がすでに気がついていると思いますが、ここ数十年にわたって日本ではほとんど給料水準が上がっていません。その結果、日本はついに韓国よりも給料の安い「貧乏な国」になってしまいました。

多くの人が認めたくないかもしれませんが、これはまぎれもない事実です。

そして、この事実こそ、**日本では数十年にわたって、適切な企業経営が行われてこなかった現実**を如実に物語っているのです。

当たり前のことをやっていないからこそ、数十年間、当たり前に上がるはずの給料が当たり前のように上がっていないのです。

働く人の給料を上げるためには、イノベーションが絶対に必要不可欠だということはすでに説明しました。では、**どんな企業であればイノベーションを起こすことが可能で、働いている社員の給料をきちんと上げ続けてくれるのでしょうか。**

この質問の答えこそ、今後、あなたがどのような会社を選ぶべきかの基準になります。そこで本章では、就職や転職の場合にどのような会社を選ぶべきか、「4つの基準」を示しますので、ぜひ参考にしてください。

評価基準1：業界の生産性

1つめは**「どの業界の会社であるか」**ということです。あらためて言うまでもなく、業界によって生産性は異なります。生産性が高ければ給料水準を高くすることができるので、**生産性の高い業界の会社ほど、高い給料がもらえるチャンスは大きくなります**。

図表7-1にあるように、日本では業界によって生産性に10倍以上の違いがあります。とくに、製造業のほうがサービス業より生産性が高いことはよく知られた事実です。

生産性が非常に低い業界は、その分だけ「伸びしろ」があるという見方もできなくはありません。うまくやれば生産性を向上させる余地が大きいのも確かです。

しかし、これまでと同じことを繰り返しているだけでは、人口が減る分だけ需要も少なくなるので、生産性が向上することは絶対にありえません。

当然、どの業界でも、会社によって生産性の違いがあります。全体で見ると生産性が低い業界でも、生産性の高い会社は存在します。

図表7-1　生産性は業界によって大きく異なる

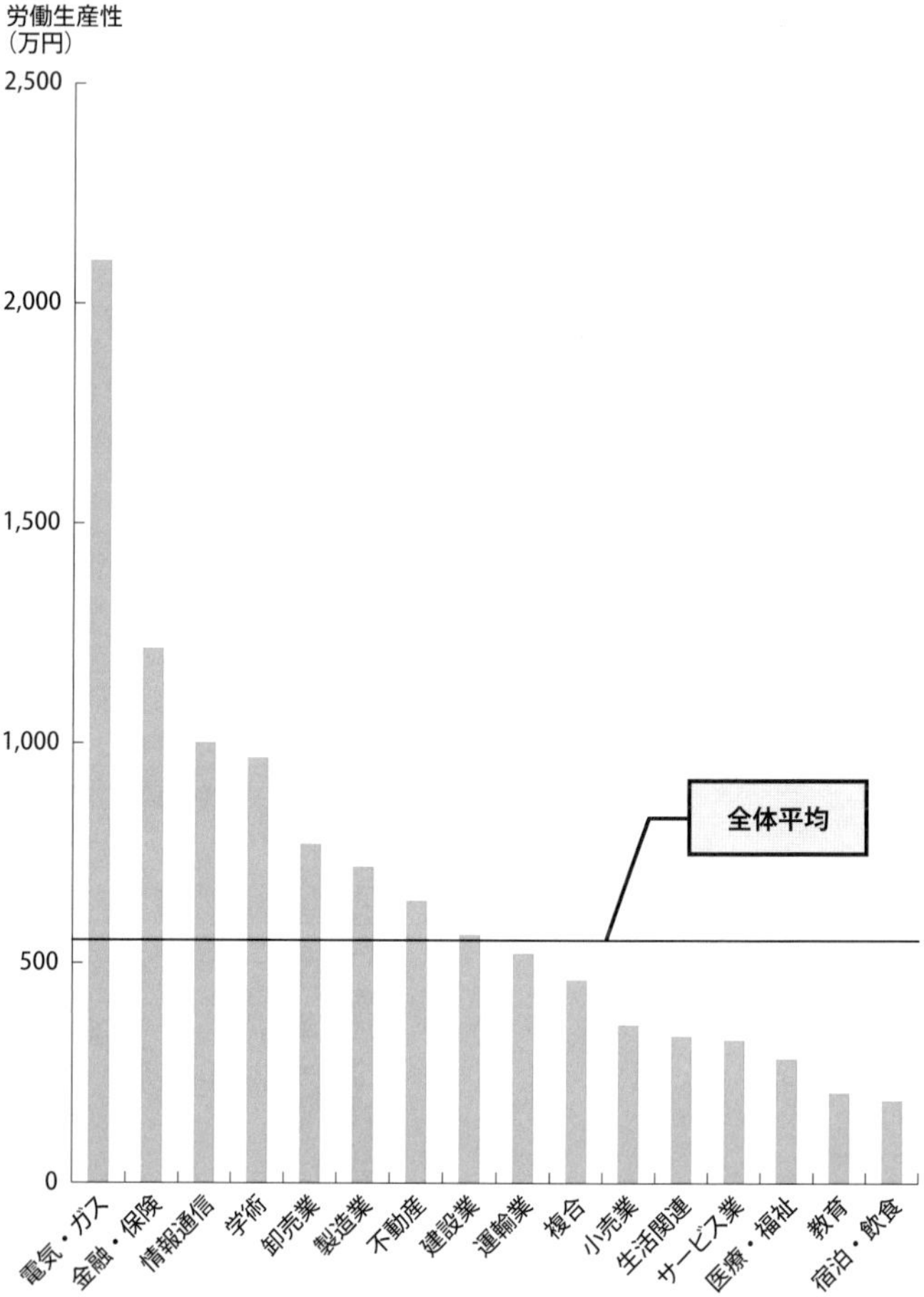

注：鉱工業を除く
出所：中小企業庁データより筆者作成

しかし、生産性が低い業界ほど、生産性の高い会社は統計上少数派になります。つまり、**あなたが勤めている会社が「生産性の高い会社」である可能性は、生産性の高い業界ほど大きい**のです。

生産性が低いということは、その業界や個々の企業に余裕がないことを意味します。つまり、改革を行うための資源が乏しいと言えます。

ですので、現実的な話をすると、**生産性が低い業界では大きな改革は起きづらい**のです。そのため、まずは**生産性の高い業界に身を寄せておいたほうが、高い給料を手にできる可能性は高くなる**と言えます。

評価基準2：会社の規模

より高い付加価値の提供が可能な会社なのかを見極める重要なポイント、その2つめは**「会社の規模」**です。

経済学には「規模の経済」という概念が存在します。会社の規模が大きいほど生産性が高くなり、その会社で働く人の給料が高くなる傾向が明らかにされているのです。日本でも、**企業の規模が大きくなるほど給料の水準が高くなる**明確な傾向が見られます（図表7―2）。

すでに説明したとおり、給料の水準は主に生産性によって決まります。企業の規模別で見ると、規模が大きくなるほど生産性が上がるので、給料水準も高くなります（図表7―3）。日本では、大企業の生産性が826万円、中堅企業が457万円、小規模事業者が342万円です。業種別に見ても同じです。

このように、企業の規模が大きくなるほど給料水準が高くなるのは、日本だけではなく**世界共通で確認できる傾向**です。

たとえばEU27カ国平均で見ても、同じ傾向がデータで確認できます。EUの中では人口規模や産業構造が日本に近いドイツでも、やはり企業の規模が大きくなるほど生産性が高くなっています（図表7―4）。

これはデータが示すまぎれもない事実です。特定のどなたかの意見でもありませんし、ましてや私が直感的に言っていることでもありません。

あらためてデータを見ると、**日本の大企業と海外の大企業の生産性にはそれほど大きな**

図表 7-2　**規模が大きい企業ほど年収が高くなる**

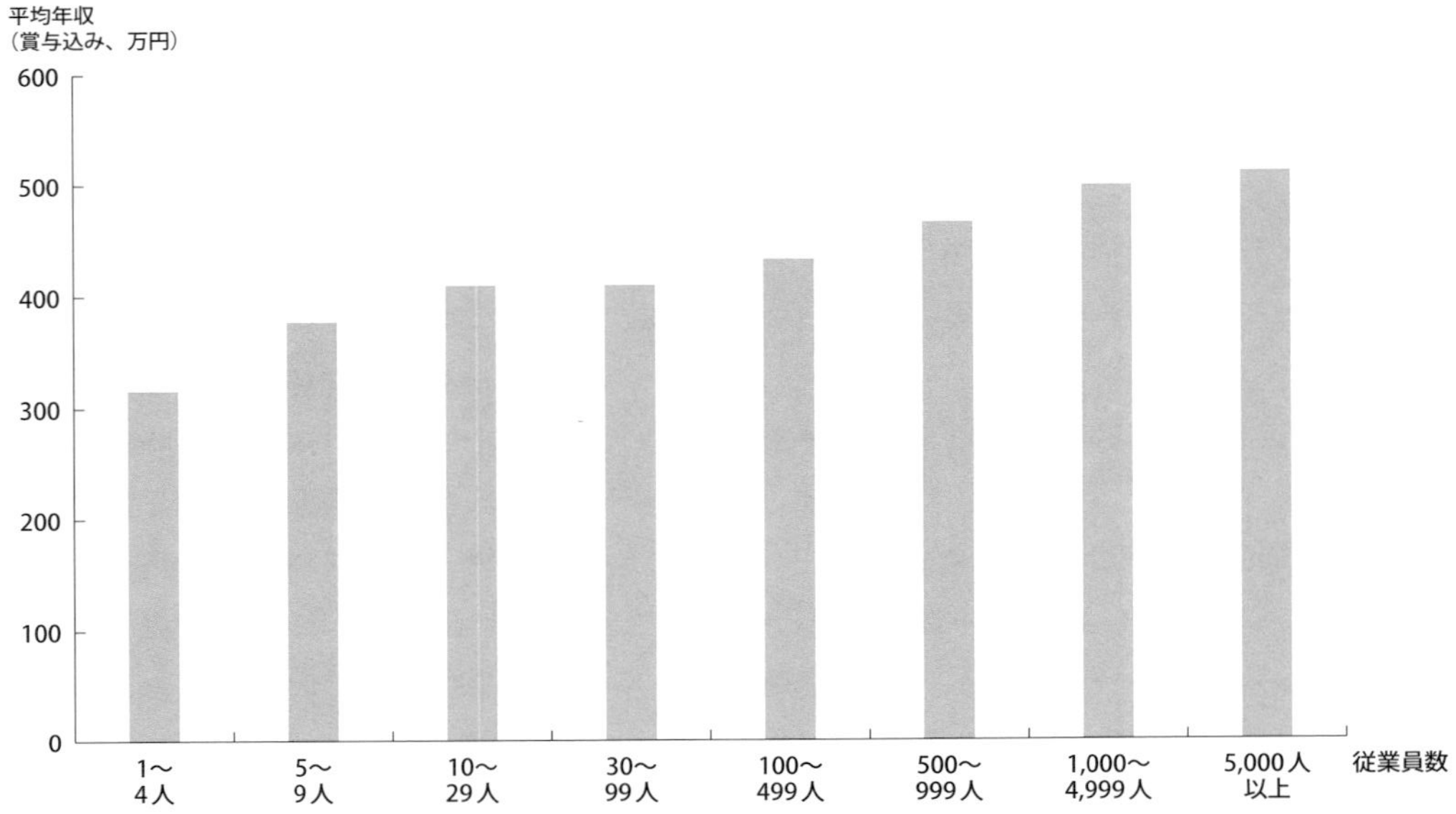

出所：国税庁「民間給与実態統計調査」（令和２年分）より筆者作成

図表 7-3　規模が大きい企業ほど生産性が上がる

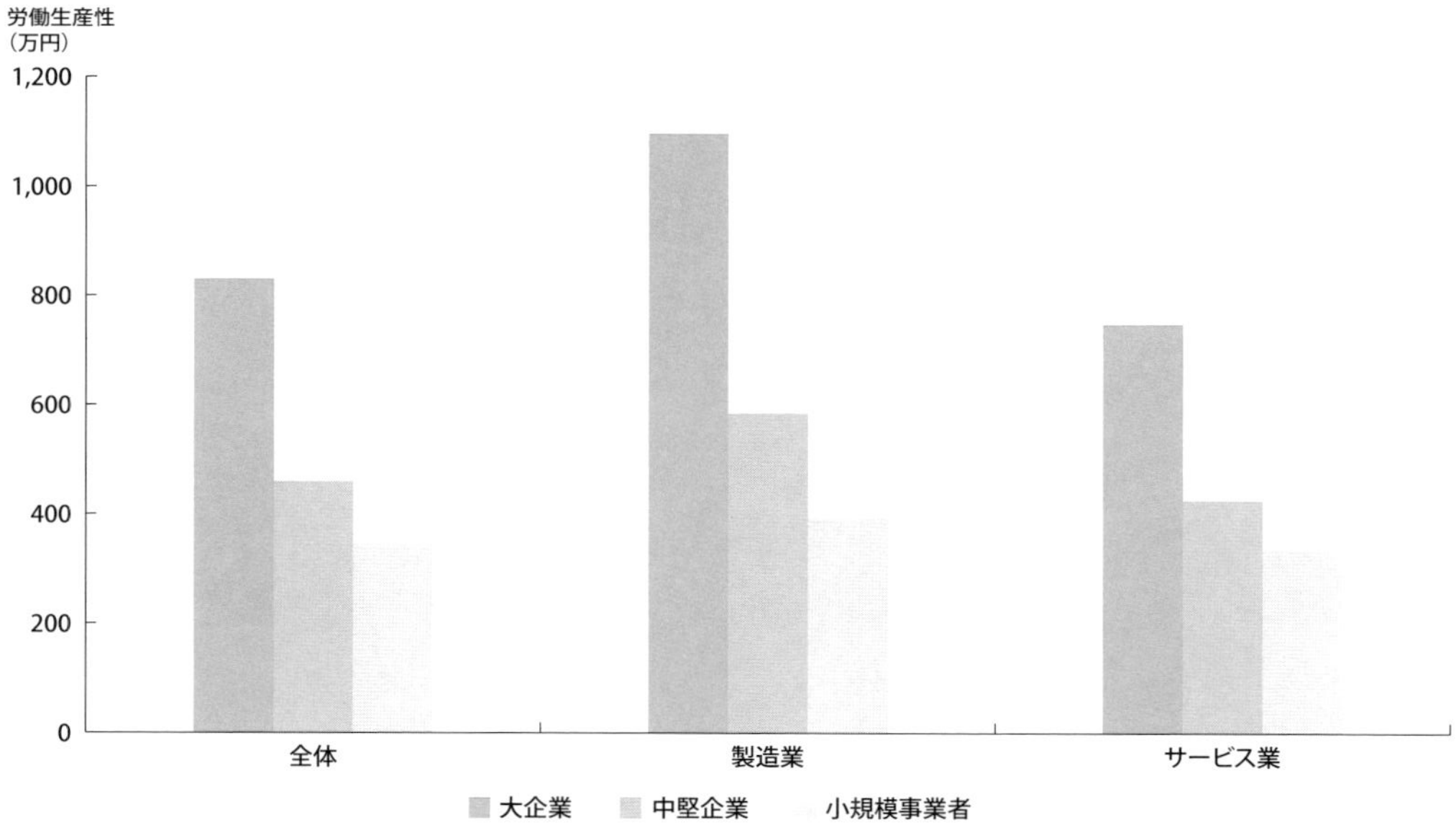

出所：中小企業庁データより筆者作成

図表 7-4　**規模が大きい企業ほど生産性が上がるのは世界共通**

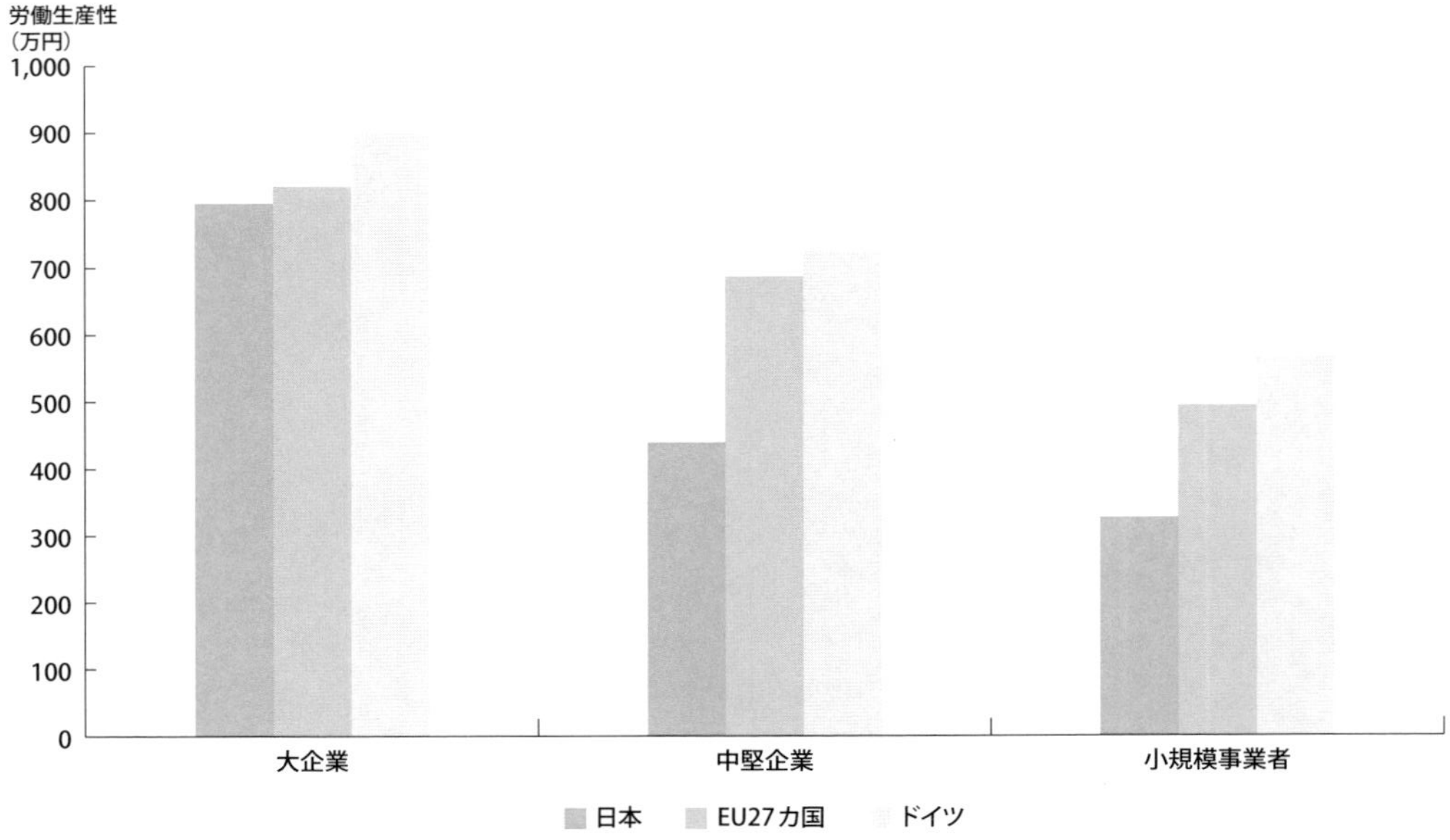

出所：中小企業庁、ユーロスタットデータより筆者作成

違いはないのがわかります。一方、**中堅企業や小規模事業者の生産性を比べると、日本のほうが欧州に比べてかなり低い**のです。EUでは、中小企業の生産性は大企業の66・4％ですが、日本では50・8％しかありません。

このように、企業規模の大小が生産性を左右する幅が、日本のほうが大きいので、日本で働く人はなおのこと、企業の規模を重視しないといけないのです。

規模が大きい会社ほど給料が高いわけ

では、なぜ会社の規模が大きいほど高い給料を提供できるのか、考えてみましょう。

まず、会社の規模が大きくなれば、そこで働く人たちで**分業する**ことが可能になります。そうすると、個々人が**担当する仕事が専門的**になります。一定以上の規模の会社であれば、すでに営業、経理、総務・人事、研究開発などの専門の部署があり、それぞれに割り当てられた仕事に専念していると思います。

一方、規模の小さい会社の場合、**1人の人間がいくつもの部門の仕事をかけもっている**ケースが少なくありません。

たとえば私が社長を務めている小西美術工藝社の「国指定文化財の建造物を修理する業

界」の場合、社員の数が少ないほど、職人でありながら営業も担当しなくてはいけないケースが増えます。実際、営業職をやりながら、同時に職人として漆も彩色も単色塗りも兼務している社員がいる会社もあります。

また、社員の数が増えると会社の**売上も増えるので、売上の一部をプールする金額が大きくなって、さまざまなことが可能になります。**たとえば職人の数が増えれば増えるほど、プールした資金で専門の営業マンを雇うことが可能になるのです。

わかりやすく言うと、プール金が1000万円しかなければその1割を使っても専属の営業マンを雇うことはできませんが、**1億円あれば1割を使って営業マンを雇うことができる**わけです。

専業の営業マンを雇えば、職人は塗りに専念できるようになり、腕前を速やかに上げることが可能になります。すると仕事の質が上がり、会社全体に好循環が生まれます。

このような結果になるのは、各会社で働いている**1人ひとりのスキルの優劣に起因しているのではありません。**一般のイメージでは「大企業で勤務している人のほうが高学歴で優秀なので給料が高く、小さい企業の従業員は相対的に学歴が低く能力が劣っているので給料が低い」と思われるかもしれませんが、**それは事実とは異なります。**

ドイツで行われたある研究では、同じ人間が規模の違う企業に転職した場合の給料の推移を分析しています。これによると、規模の大きな会社に移った場合は給料が上がり、規模の小さい会社へ移ると、やる仕事の内容は変わらなくても給料が下がるという結果が報告されています。

もちろん、学歴も給料の多寡にある程度は関係しますが、要因のすべてではありません。**働いている企業の規模も、大きく影響する**のです。

「小さい企業の従業員は能力が低いから給料が安い」という見方は、ただの偏見です。このことは、日本と海外の生産性を比較してみればわかります。

日本の中小企業の生産性は大企業の50・8％しかありません。EUでは大企業の生産性に対する中小企業の生産性水準は66・4％です。

もし、日本の中小企業の給料が安い原因が労働者の能力の低さだとすれば、日本の中小企業で働いている労働者の能力は、EUの中小企業の労働者の能力の76・5％（50・8／66・4）しかないことになりますが、**そんなことはありえません。**

実は、日本の中小企業の生産性が海外と比べて低い主な原因も、**会社の規模の違い**にあるのです。

たとえばドイツの中堅企業の平均社員数は99・6人ですが、日本は41・1人しかいません。小規模事業者はドイツの平均5・2人に比べて、日本の平均は3・4人です。一方、大企業の平均社員数は、日本の1307・6人に対して、ドイツは936・1人です。

つまり、**日本の中小企業の生産性がドイツより低いのは、単に企業の規模がドイツより小さいから**だと考えられるのです。

国内の業種別の比較で見ても、同じことがわかります。

たとえば、他業種よりも生産性の高い製造業を見ていきましょう。日本の製造業は大企業の平均社員数が1679・9人で、製造業以外の1232・9人を大きく上回っています。また、中堅企業は、製造業が82・5人ですが、その他は36・5人で、製造業の半分以下です。

つまり**日本で製造業の生産性が高いことも、企業の規模でかなり説明できる**のです。

都道府県別のデータも同様です。

各都道府県の平均社員数と生産性を比較すると、明確な相関関係が見て取れます（図表

7−5）。実際、相関係数も0・83という高い数値になっています。やはり、**企業の規模が大きくなるほど生産性が高くなる**傾向が確認できます。

ちなみに、生産性と企業の規模の関係を理解するうえで、大事なのは因果の流れです。規模が大きいから生産性が高くなるのか、生産性を上げるために規模を拡大したのか、可能性としては両方ありえます。

私は後者、つまり**規模はあくまでも生産性を高めようとした結果拡大されたもの**で、規模が大きいことが高い生産性の原因ではないという考え方が正しいと思っています。

いずれにせよ、今後より高い給料を手にしたいのであれば、**いま勤めている会社やこれから転職しようとしている会社の規模に注目すべき**です。

その際、単純に現在の規模を把握するのはもちろんのこと、**過去と比べ規模が拡大しているか、それとも縮小しているのか**も確認してください。同時に、**今後規模を大きくする計画があるか**も聞いておくべきです。

図表 7-5　都道府県別に見ても、企業規模が大きいほど生産性が上がる

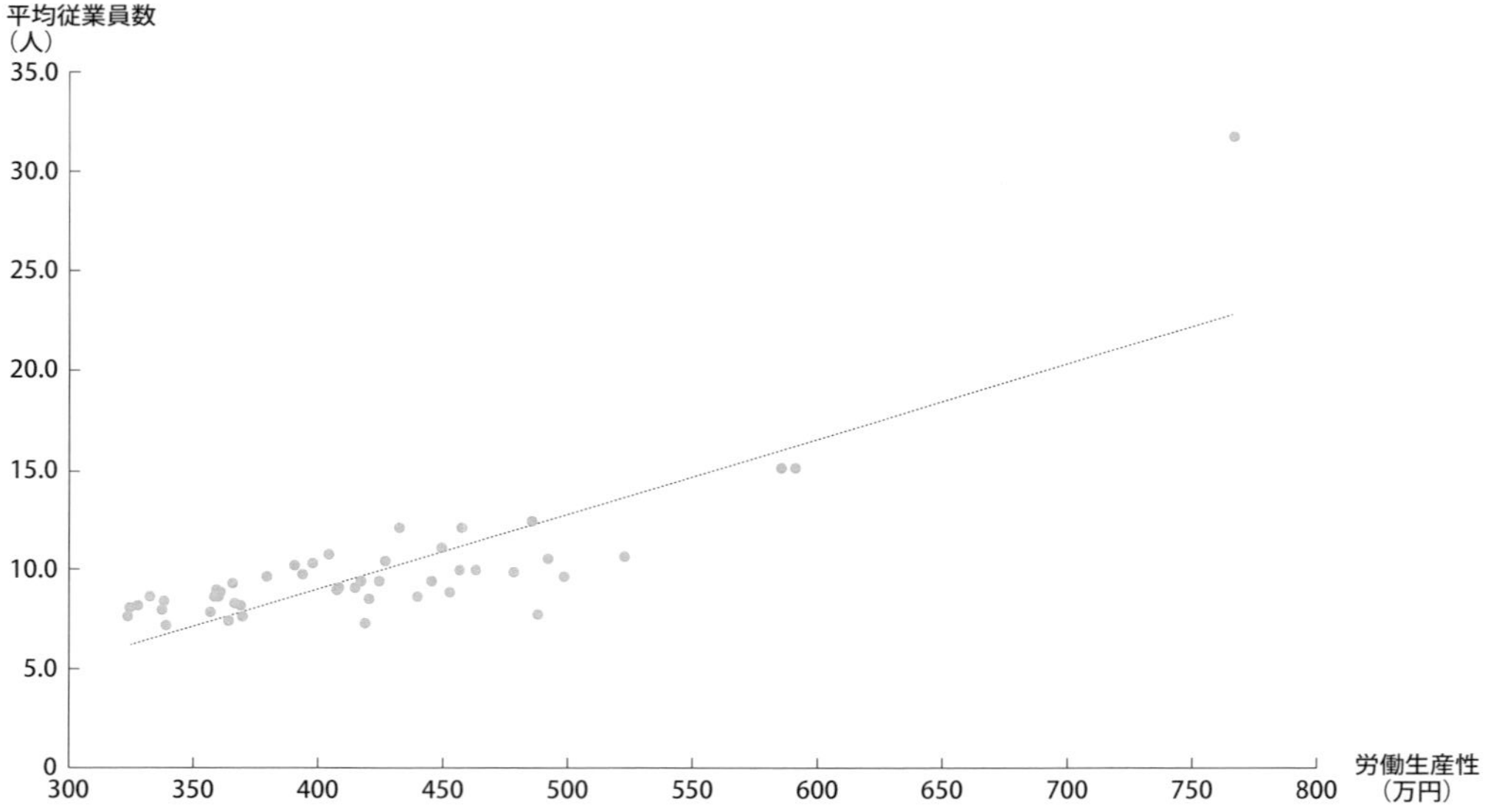

注：それぞれの点が各都道府県を表す
出所：中小企業庁データより筆者作成

給料以外の5つのメリット

私がある程度以上の規模の会社をすすめる理由は、これだけではありません。会社が成長し規模が大きくなると、**社員として享受できるメリットが増える**のです。

要は、**会社の規模が大きくなるほど労働環境がよくなる**傾向が確認されているのです。人口が減少する時代には、労働者は自らが働く環境をより重視するようになりますので、こういった会社ほど人を集めるのが簡単になるでしょう。

同時に、**会社の規模が大きくなるほど多様性を受け入れられる**傾向にもあります。こういった会社もまた、これからも人を集めやすくなるので、将来の展望が明るくなるのではないかと考えています。

では、具体的にどんなメリットが得られるのでしょうか。

(1) 有給休暇が取りやすくなる

たとえば、**会社の規模が大きくなるほど有給休暇の取得率が上がります**(図表7−6)。これは、会社に金銭的な余裕ができることだけが要因ではありません。むしろ**従業員1人**

図表 7-6　**企業規模が大きいほど有給休暇が取りやすくなる**

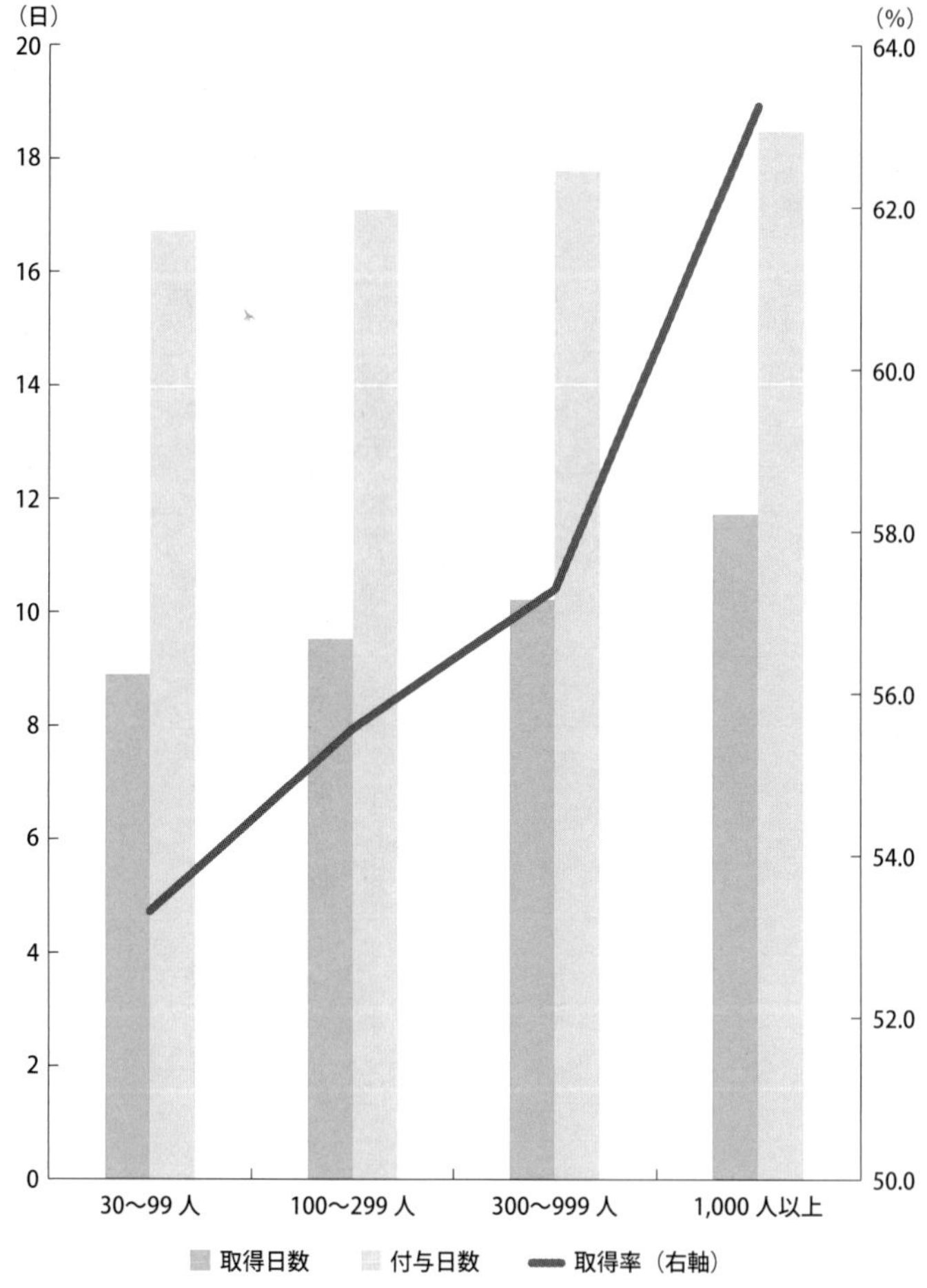

出所：厚生労働省「就労条件総合調査」（令和 4 年）より筆者作成

ひとりにかかる負荷のほうが大きく関係しています。

社員の数が少ないほど、1人ひとりに対する業務の依存度が高くなり、休みが取りにくくなります。担当者が1人しかいない業務がとても重要な場合、その人が休んでしまうと、会社全体の仕事の流れが止まってしまいます。その状態が長く続けば、会社の存続自体も危うくしかねません。

よく「日本人は勤勉で、自分だけ仕事を休むことを好ましいとは思わないので、有休取得率が低い」という説を耳にします。たしかに、そのような国民性が影響している可能性も否定はできませんが、仮にその説が事実だとすると、企業の規模や業種による差は出ないはずです。

しかし、**現実はそうなっていません**。実態は図表7-7のように、**業種によって有給休暇取得率は大きく異なっている**ので、先ほどの説は俗説にすぎないと言えます。

(2) 女性が活躍しやすくなる

また、**会社の規模が小さいほど、女性が活躍するのが難しくなります**。たとえば、経理部門を出産適齢期の女性1人だけが担当している場合を考えてみましょう。

図表 7-7　有給休暇の取りやすさは業種によって異なる

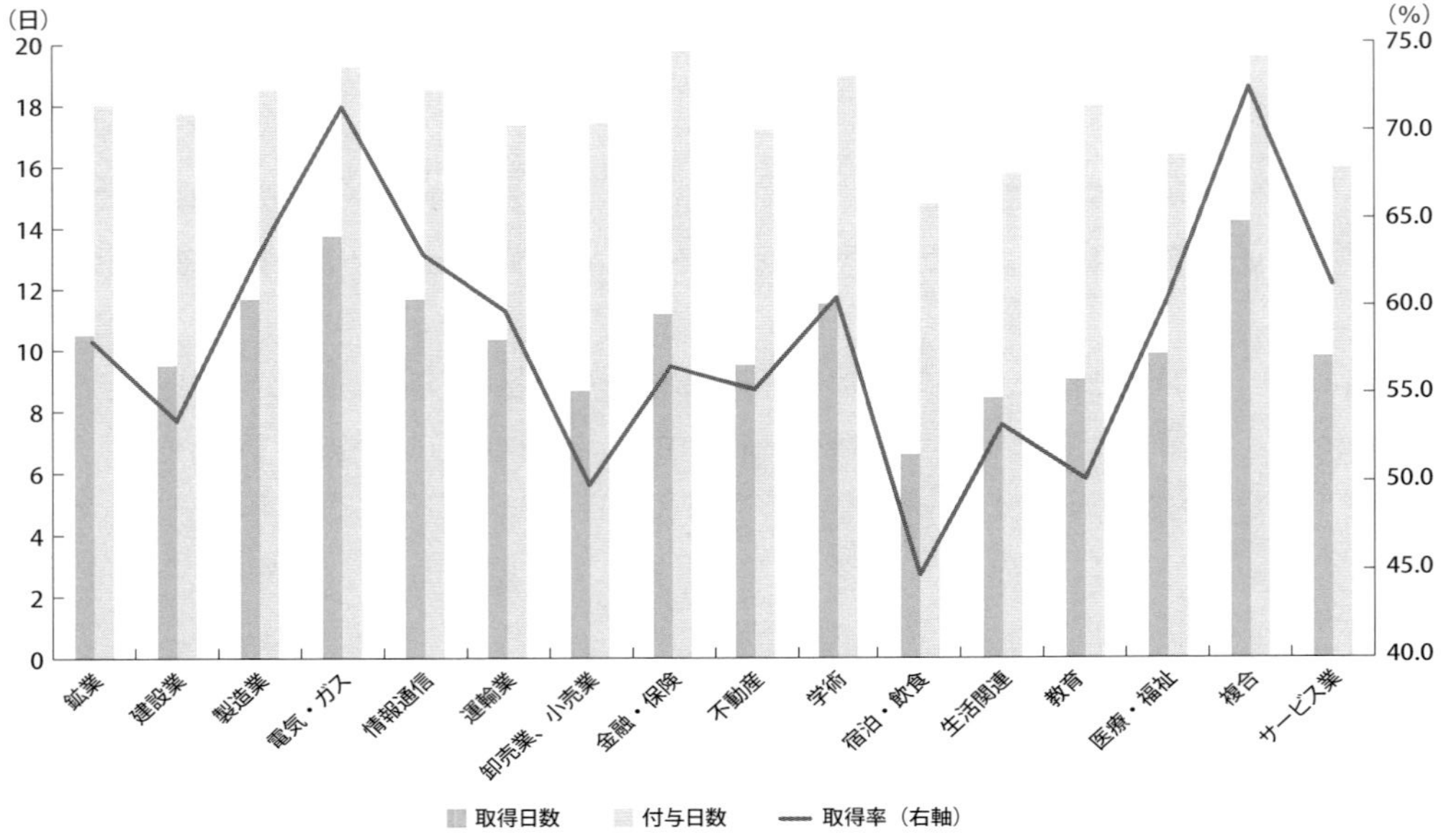

出所：厚生労働省「就労条件総合調査」（令和４年）より筆者作成

この女性が妊娠し、産休に入れば、代わりの人材を手当てし、急いで引継ぎをしてもらわなければなりません。これは会社としては大きな負担になります。すると、企業としては**若い女性にこの業務を担当してもらうことがリスクになる**ので、女性を積極的に活用するのに二の足を踏んでしまうのです。

事実、世界的に**女性活躍が進んでいる国では、企業の平均社員数が多い**傾向が見られます。つまり、日本で女性の活躍が進んでいないのは、男尊女卑などの文化的な要因だけでは説明がつかないのです。**日本では小さな会社に勤めている労働者の比率が高い**という点を忘れるべきではありません。その結果、女性活躍が進んでいないのです。

現在の日本では、男性の就業率はすでに限界に達しており、働いている男性の数は減少し始めています。企業はそれを補うために、より積極的に女性の労働参加をうながし、就業者数をキープしているのが実情です。これからは、この傾向がますます強くなることが予想されます。

そうなれば、いままで以上に女性に活躍してもらい、会社の生産性を上げることが必須になります。実際に人事戦略を変更する会社も増加するでしょう。

このように、女性の活躍度合いは会社の生産性、ひいては給料水準にも小さくない影響を及ぼす可能性が高いと言えます。ですから、**いまの会社を評価するときや転職先を選ぶときは、あなたが仮に男性であっても、その会社の女性活躍の現状と今後の考え方を確認しておくべき**なのです。

(3) 輸出ができるようになる

輸出ができるようになるのも、規模が大きくなることの大きなメリットです。

今後、日本では数十年にわたって人口が減少し続けます。人口の減少は国内の消費者の減少と同義ですので、日本という国の国内市場は間違いなく縮小し続けます。市場の縮小により生じる悪影響を補うのにもっとも手っ取り早く、有効な手段が輸出を増やすことです。

もちろん、中小企業でも輸出を行うことは可能ですし、実際すでに輸出をしている中小企業も少なくはありません。インターネットの普及によって中小企業でもかなり輸出がしやすくなっているので、世界的に見ても輸出をしている中小企業の比率は大きく上がっています。

しかし全体を俯瞰してみると、**日本では輸出を行っている中小企業は少数派**です。理由は簡単で、**輸出をビジネスとして行うには、輸出を担当する人材が必要になるから**です。

新規で輸出ビジネスを始める場合、社内にはノウハウもなく、担当できる人材もいないので、外部の力を借りるか、自社内でスタッフを育成する必要が生じます。

輸出をする場合、言葉の問題もさることながら、貿易の専門知識も必要になります。すると国内のみでビジネスをするより**高い専門性を持ったスキルの高い人材が必要になるので、人件費が高くなる**のは必至です。

このような負担を担うのは、一定以上の数の人員がいない会社では難しいというのは想像に難くないでしょう。逆に、輸出を増やせば、人を増やさざるをえなくなり、同時に会社自体の規模も大きくなっていくはずです。

世界的な統計データでも、**輸出ができるか否かと企業の規模には、強い相関関係と因果関係がある**ことが確認されています。たとえばドイツでは、輸出をしている企業の平均社員数は179・4人で、していない企業の58・1人の実に3倍にのぼります。

もちろん、輸出するに足る商品がなければ話は始まりません。しかし、**輸出に足る商品があっても、会社の規模が小さければ輸出は困難**です。

あなたの会社の規模が輸出ビジネスを展開するのに十分かどうかは、あなたの給料を増やすうえで重要な確認ポイントなのです。

（4）より大きな投資ができる

企業の規模は、**イノベーションとそれを支える三大基礎投資**にも大きく影響します。三大基礎投資とは、（1）研究開発、（2）設備投資、（3）人材投資を指します。

仮に、小さな企業と大きな企業で、売上から投資にかける割合が同じだったとしましょう。当然、**小さな企業はそもそも売上の規模が小さいので、投資の絶対額はかぎられます。**

もちろん設備投資額も少なくなるので、新商品の開発で差別化をはかって規模の大きな会社と伍していくのも困難になります。結果的に、生き残りのための戦略としては、価格競争しか選択肢が残されていない状況に陥りがちです。

さらに実際のデータを見ると、**会社の規模が大きくなるほど、設備投資などにかける割合が高くなる**傾向が確認されています。とくにデジタル化の投資に関して、大きな差が出る傾向が顕著です。

デジタル化の場合、コンピュータやソフトウェアの導入などに相応な投資が必要です。しかし、それだけでは十分ではありません。

最近のデジタル化の最大のメリットは、取引データなどを分析して、それをお金に換えられるようになったことです。しかし、導入したシステムをフルに活用しても、その導入コストを回収する結果を生み出すには、**それにふさわしい規模のデータ**が必要になります。ここでも規模の経済が働くのです。

たとえば、将来の需要予測のデータ分析を行うのであれば、分析のベースとなるデータの量が多いほど分析の精度は高まります。デジタルマーケティングであれば、顧客データが多いほど精密な分析結果が得られます。

つまり、**デジタル化を進める場合でも、一定以上の規模の会社でなくては大きな効果は期待できない**のです。結果として、規模の小さい企業ほど給料を引き上げることが難しくなります。

（５）採用競争で有利になる

新規に雇用者を獲得するという点でも、規模の大きな企業ほど有利になります。

今後、日本では生産年齢人口がさらに減少するため、労働市場がタイトになり、働き手を確保するのが難しくなります。当然、**新しく社員を雇用する際、競合他社との競争が激しくなる**ことが予想されます。

雇用というのは企業と労働者との契約で、かつ、労働者の目的は自分の働きに対してふさわしい対価を得ることなので、**より高い給料を出す企業が選ばれる**傾向が強いのは当然です。

自分で君主を選ぶことができなかった江戸時代ではないので、どの会社を選ぶかは個々の自由にゆだねられています。規模が小さく安い給料しか払えない企業は、どうしても若い人に選ばれにくくなります。

結果として、**規模の拡大がままならない企業は新しい社員を雇うことができなくなり、いつまでも成長せず、最悪の場合、廃業への道をたどり始める**可能性がさらに高くなるのです（図表3–13）。

ここまで説明してきたとおり、会社の規模がその会社の将来性に与える影響は甚大です。ですので、労働者としては、自分が働いている（または、働こうとする）会社の規模には常に意識を向けておく必要があります。

日本では「判官びいき」の傾向が強いためか、小さな会社の社員が一致団結して大手企業に立ち向かい、打ち倒すというストーリーの物語がよくウケるようです。

しかし残念ながら、そんな夢物語のような話が現実で起こることはきわめて稀です。だからこそ、非現実を描くフィクションの世界ではヒットしやすいとも言えます。

もちろん現状の規模のみで会社の将来のすべてが決まるわけではありませんが、無関係でもありません。

中堅企業がもっともバランスがいい

私は別に、大企業で働けないようでは将来が真っ暗だと言いたいわけではありません。より重要なのは、**それぞれの会社に合った適正な規模に成長できているかどうか**です。

あらためて言うまでもなく、大企業には大企業のよさがありますが、同時に欠点もあります。その最たるものが、**組織の大きさにともなう意思決定スピードの鈍化**です。

組織というのは規模が大きくなりすぎると、官僚的になりがちです。結果として、どうしても意思決定のスピードが落ちますし、顧客からの距離も遠くなるので、対応能力が低下しがちになります。

一方、先ほどの話のとおり、生産性を高めて人を雇用するためには、それなりの給料を払わないといけません。するとどうしても、規模の非常に小さい企業は不利になります。

このように考え、大企業にも小規模企業にも欠点があるのが見えてくると、俄然、**中堅企業**が候補として魅力的に見えてきます。中堅企業と呼ばれるくらいの規模の会社なら、**官僚的にもなっておらず、かといって小規模企業ならではのデメリットも受けづらい**からです。

ですので、あなたがいま、大企業、もしくは小規模企業に勤めているのであれば、同じ業種の中堅企業の動きを観察すると、企業選びの目を養うことができると思います。

では、ここで言う「中堅企業」とは、具体的にどのくらいの規模なのでしょうか。厳密な定義は難しいですが、私は**従業員数が100～300人程度**と考えるのが妥当だと思います。

この考え方の根拠の1つはドイツです。ドイツは中小企業全般ではなく、中堅企業を大事にする国だと言われています。

ドイツでは大企業より中堅企業を強化する政策が多く実施され、その結果、世界的に見て中堅企業の層がもっとも厚くなっています。また、生産性も高く、技術大国・輸出大国としてすばらしい成果を残しているのは、みなさんもご存じのとおりです。

ＥＵの「中堅企業」の定義は50～250人です。経済規模の大きさを勘案すると、日本でも従業員数100~300人規模の企業を重視すれば、生産性が高まり、技術大国・輸出大国として再出発できると考えています。

評価基準3：規模の成長性

ここまで、会社を選ぶ際の基準として「業界」と「企業の規模」を説明してきました。3つめの基準として、私は**「企業のダイナミズム」**に注目しています。そのダイナミズムを見るポイントは従業員数と売上の成長性にあると考えています。

いままで説明してきたように、これからの時代、日本企業を取り巻く環境は加速度的に厳しさを増していきます。何度も繰り返してきたとおり、とくに規模の小さい企業はよりいっそう、苦しい状況に対応しなくてはいけなくなります。

しかし、日本で働く労働者の全員が大企業で働くべきだとも思えません。そもそも全員が大企業で働くことは、まったく現実的ではありません。また、大企業は売上規模が大きい分、GDPそのものの成長性に依存する傾向が強いのです。実際問題、大企業もすでに人口減少の影響を受けています。

厳しさが増すこれからの時代は、**環境の変化を先取りし、その都度対応策を打ちながら規模を拡大させていく**のが、もっとも現実的かつ有効な企業の成長の道筋のように感じます。つまり、重要なのは単純な規模の大小ではなく、**適切なタイミングで適切な規模へ成長すること**なのです。

実際、このような成長を繰り返して成功してきた好例を、アメリカに多数見出すことができます。

アメリカ経済はインターネットが本格的に普及し始めた1990年代以降、急速に強みを増し、今日の栄華を迎えています。そして、その強さの源の1つが**「ダイナミズム」**だと言われています。

企業の成長や変化に関してダイナミズムという言葉を使う場合、「新陳代謝」の意味合いが強調され、「中小企業淘汰を推進するとんでもない思考だ」と叫ぶ人に出くわすことがあります。

しかし、こういう意見を口にする人は、そもそもダイナミズムという言葉自体を正しく理解していません。実は、現在のアメリカ経済の強さの原動力は中小企業の淘汰ではありません。

アメリカ経済の強さの原動力は、**企業の成長**です。淘汰の進展、またはそのための圧力の強さとは直接の関係はありません。

図表7-8をご覧ください。どの規模の企業を見ても、成長率がゼロに近いところの山がEU側にあることが確認できます。これはEUと比較してアメリカのどの規模の企業も成長していることを意味しています。逆に、欧州はどの規模でも現状維持でとどまっている企業が、アメリカに比べて圧倒的に多いことも確認できます。

とくに**アメリカでは、従業員50〜249人の企業が著しく成長しています**。これこそが、アメリカの強さなのです。ちなみに日本は、世界一企業が成長しない国です。

企業が成長する道筋には、企業同士の合併や連携、他社の買収、独自の成長など、さまざまな選択肢が存在します。また、場合によっては、民間同士だけではなく、官との連携も成長の選択肢として存在します。

図表 7-8 アメリカでは中堅企業の成長が著しい

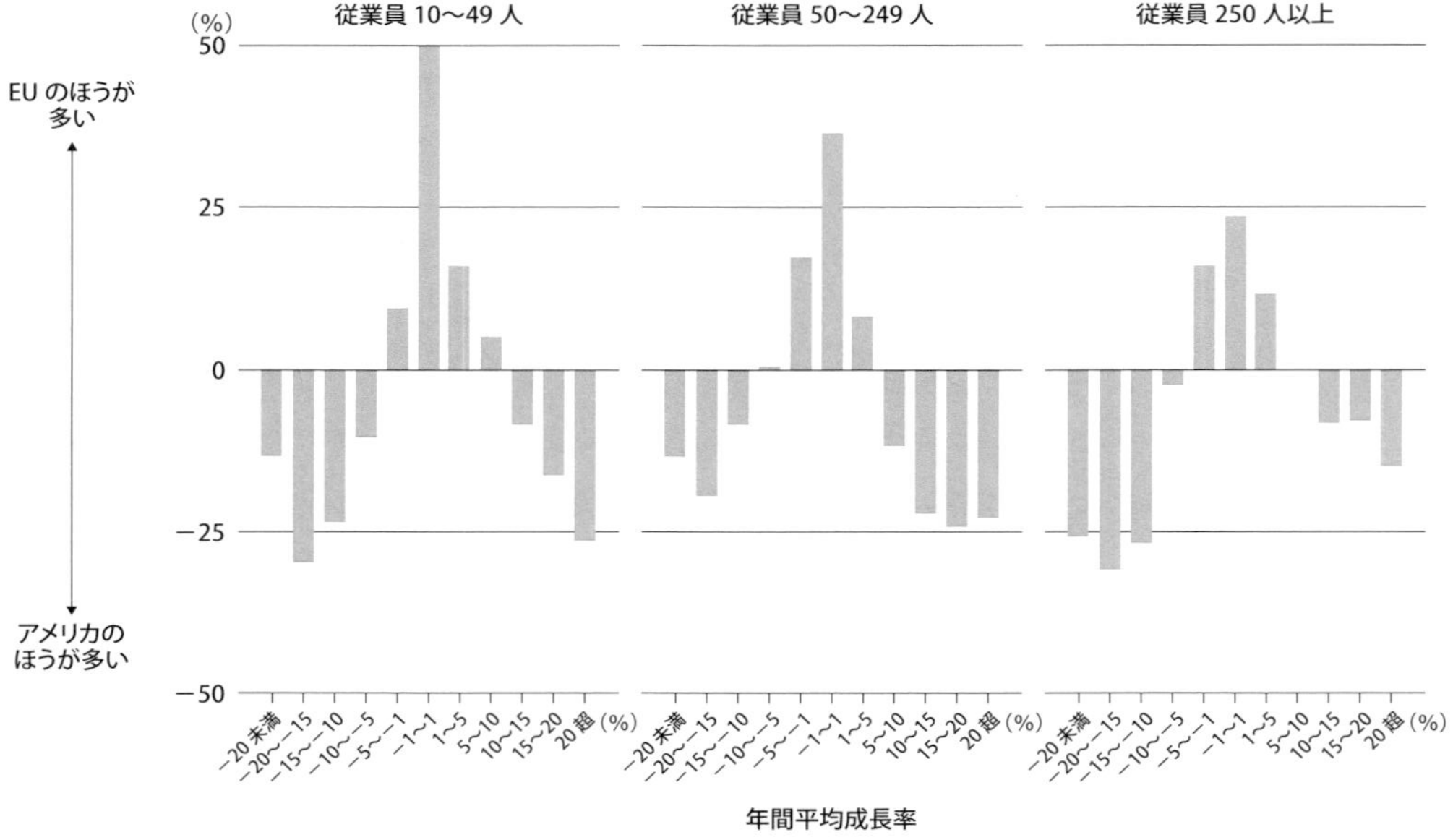

出所：欧州委員会データより筆者作成

評価基準4：労働分配率

4つめの基準として**「労働分配率」**に着目しておくことも、今後の働き場所を選ぶ際に重要になります。

すでに説明しましたが、労働分配率とは創出した付加価値のうち、何割を給料（人件費）が占めているかを示す比率です。仮に付加価値の総額が100で、そのうちの60が給料として雇用者に支払われる場合、労働分配率は60％ということになります。

図表7-9にありますように、一般的に小規模事業者の労働分配率が他の規模の企業に比べて高いと言われています。しかし、**その認識はかならずしも正しくありません。**

なぜならば、**労働分配率の計算には役員報酬も加わっている**からです。

一見すると小規模事業者の労働分配率が80・0％で、大企業の48・9％より高いように見えますが、小規模事業者の場合、役員の取り分が異常に大きいケースが少なくありません。このような役員への分配を考慮して、**従業員だけの労働分配率を見ると、小規模事業**

図表7-9　小規模事業者の従業員分配率は大企業と同じくらい低い

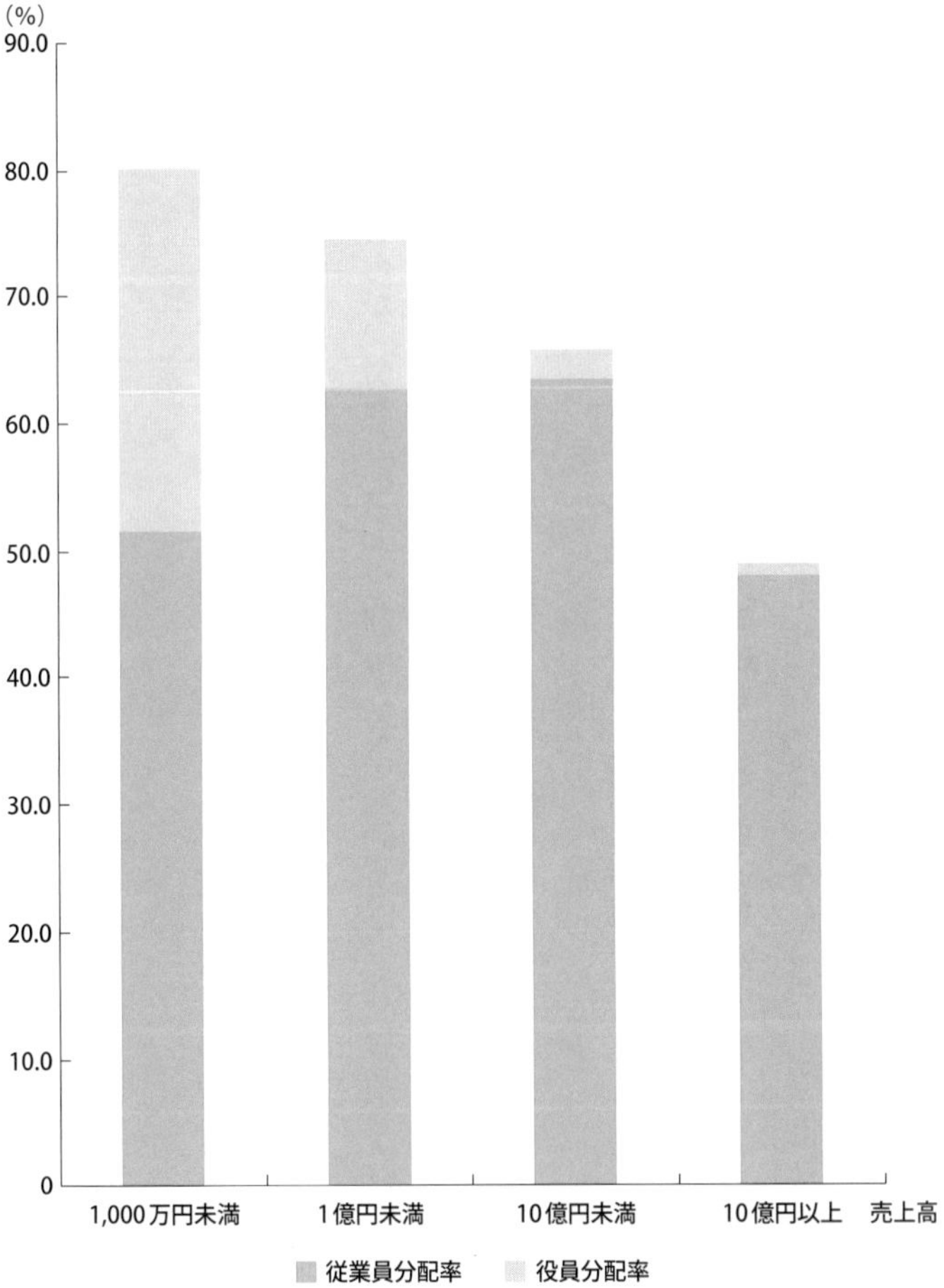

出所：財務省「法人企業統計調査」（2019年）より筆者作成

者の労働分配率は大企業とあまり変わらないのがわかります。

同じように修正を施したうえで、企業の規模別の労働分配率を見てみると、**労働分配率がもっとも高いのは中堅企業**だとわかります。中堅企業の労働分配率は60・8%で、48・0%の大企業や51・5%の小規模事業者を大きく上回っています。

この観点からも、やはりもっともおすすめできるのは中堅企業だと言えます。

論外：ライフスタイル企業

実際、企業の規模が小さくなればなるほど、役員の労働分配率が高くなって、労働者の分配率が下がります。その傾向がきわまった企業を**「ライフスタイル企業」**と言います。

日本ではベンチャー企業を礼賛する傾向があり、新規の起業が増えれば増えるほどいいと考えられているような印象を受けます。しかし、**この風潮は、私に言わせれば危険**です。

世界的な統計データを見ると、新しく生まれる会社の約95%が「ライフスタイル企業」

だと言われています。

「ライフスタイル企業」というのは、**創業者である社長の生活スタイルを守るためだけの目的でつくられた会社**を指します。

「他人に命令されたくない」「働く時間に融通を利かせたい」「経費を存分に使いたい」など、要は社長自身が自分の好き勝手に、やりたい放題するためにつくられる会社です。

このような会社の場合、イノベーションを起こすことに意欲的なわけでもなく、それまでにやってきたことをやるだけなので、当然のことながら成長は期待できません。

こういった会社で働かないほうがいいのは、言うまでもありません。もし仮に、入社後にあなたの会社が実は社長のためだけの「ライフスタイル企業」だと気がついた場合は、即刻転職を考えるべきです。

ここまで長々と説明してきましたが、とにかく個々人が心がけるべきなのは、勤務している会社に自分の身をゆだねっぱなしにするのではなく、**常に経営者の動きにアンテナを立て続けること**です。

いまの経営戦略が慎重になりすぎていないか。

あきらめモードに入っていないか。

実際に成長しているか。

成長スピードが鈍化してはいないか。

鈍化しているようであれば、もう一度、成長モードに軌道修正する気概が経営者に残されているのか。

これらを客観的な目で厳しく見極めるべきです。

そのうえで、**衰退路線からの軌道修正が期待できないようであれば、早めに成長路線へのけん引力を持った経営者のいる会社への転職を考える**べきです。

自分で会社を興して経営者になるのでなければ、どの経営者のもとで働くかは、まさに長い人生を左右する重要な選択です。

そして、その重要さは今後さらに増していきます。労働者として働く以上、**経営者を見極める力や彼らを動かす力は、もっとも重要なスキルの1つ**になるのは間違いありません。

第8章

補論

俗流評論家に騙されるな

「評論家」が跋扈する日本

本書で何度も繰り返し強調しているとおり、日本経済は30年間も成長していません。その間、みなさんの給料もほとんど上がっていません。

かつて日本は世界から「経済一流、政治は三流」という評価を得ていた時代があったと聞いたことがあります。いまの日本の政治がどう評価されているのかは別として、**すでに経済のほうは、とてもではないですが「一流」と評される状況ではなくなっています。**

どれほどひどい状況になっているかは、第1章と第2章で、データを用いてくわしく紹介したとおりです。まさに「惨状」です。

このような惨憺たる日本経済の状況に対して、さまざまな人が過去に行われた経済政策を批判したり、事態打開のための独自の政策提言を行ったりしています。

過去30年間の経済政策の評価に関しては、当然ながら厳しいものが大半を占めています。この件に関しては、結果が結果であるだけに、しかたがないでしょう。

また、以前から提言を行っていた経済の専門家への評価も悪化し、彼らの発言に対しては厳しい目が向けられるようになってきました。ちなみに、このような現象が起きているのは日本だけではなく、他の先進国でも同様です。

一方、ネットという新しい技術の誕生によって、**これまでいっさい陽の目を見ることのなかった俗説**も注目を浴びることが可能になりました。その中身は実にさまざまで「日本経済はなぜダメになったのか」「どうすれば復活できるのか」に関して、諸説入り乱れて混沌をきわめているのが現状です。

以前よりたくさんの人が参加するようになったことで、「日本経済の何がダメで、どうすればいいのか」という議論が**より複雑になり、正解が見えづらくなった**というのが正直な私の感想です。

主にネットを通じて自説を発表しているのは、自称を含め**「(経済)評論家」**を名乗っている人たちです。実は、このような**自称「評論家」が大手を振って跋扈しているのは日本特有の現象**で、他の先進国ではあまり見かけません。

これら「評論家」の中には、時折バカげた「陰謀説」をまことしやかに流布する輩も交じっています。そういうバカげた「陰謀説」はさておき、彼らの発信する説に耳を傾けてみると、主にマクロ経済政策の話、とりわけ財政理論に関する話がほとんどを占めているようです。

なぜ、こうしたいわゆる新興の評論家たちが、財政政策を中心に理論を展開するのか、その動機を考えておく必要があると思います。

なぜ「財政政策」が注目されているのか

財政政策を批判するということは、政府を批判することに他なりません。

まず、単純に、彼らにとっての**「他人」である政府のせいにしたがる人がいる**ことは否定できません。財政政策が悪いということにすれば、**それを是正するだけで、日本経済の復活は簡単にできる**という主張も可能になります。たとえば、「積極的な財政出動さえやれば、日本は復活する！」という主張が可能になるのです。

さらに、仮に問題の根幹が財政政策だけだとすると、**人口減少問題やさまざまな構造問**

題などを解決しなくてもすむという結論に導くことも可能です。検証してみると、財政拡大を主張する「評論家」の大半は、人口減少問題もさまざまな構造問題も否定していることがわかります。政府がお金を出せば、国民は痛みを感じることなく、物事が解決するというバラ色の理論も成立させることが可能になります。

要は、「すべては政府の責任」「政府だけが悪い」というスタンスに立つと、大した専門知識がなくても、**国民の批判を浴びることなく自説を展開することが可能になる**のです。これまで誰もその存在を知らなかった新興の評論家たちでも、**うまくいけば自らは悪者にならず、注目を浴びて有名になれるという下心**が透けて見えます。

しかし、残念ながら、これら評論家の中で経済や経済政策にくわしい人はほとんどおらず、Wikipediaあたりをメインに自説を正当化するネタを拾っている人が多いように感じます。

ご存じの方もいらっしゃると思いますが、私は菅内閣のときに、政府の成長戦略会議のメンバーに任命され、提言を行ってきました。このように国の政策を検討する成長戦略会議の席でさえ、先ほど紹介したような俗説にすぎない評論家の説と似たり寄ったりの話を聞かされることが少なくありませんでした。

国の委員会においても正確性に欠ける俗説が紹介されていることは、このときに初めて知りました。正直、たいへんびっくりしたことを鮮明に覚えています。

とはいえ、どんなに奇天烈に聞こえる説でも一度は検証する価値があるというのが、私の持論です。

なぜならば、彼らの説の中に、非常に稀なことではあるのですが、新しい視点やアイデアのヒントを見つけたことがあるからです。

本書ではここまで主に、みなさん1人ひとりが今後どのように生き抜いていくべきかをテーマに話を進めてきました。

1人ひとりの行動の話だったので、ミクロレベルの話が中心となりましたが、最終章では視点を変えて、先ほど紹介した**新興「（経済）評論家」の方々の展開しているマクロ経済政策の仮説を検証**していきたいと思います。

「評論家」が挙げがちな8つの俗説

日本経済の低迷を招いた原因に関しては、ネットなどでさまざまな仮説が挙げられています。以下がその代表的な説です。

（1）消費税の引き上げ
（2）デフレ
（3）新自由主義の影響
（4）グローバリズム
（5）四半期決算の導入
（6）もの申す株主の影響
（7）日本型資本主義の崩壊
（8）政府が公共工事などを減らして、緊縮財政を進めている効果たしかに、これらの1つひとつが経済成長に一定の影響を及ぼしてきた可能性はあります。

しかし、**1つの要因で日本経済の低迷の原因すべてを説明するのは不可能**です。それどころか、8つの要因をすべて合わせても、十分な説明はできないと私は分析しています。

その理由は単純で、**日本経済の規模が大きいから**です。

日本経済はGDPが約550兆円で、世界3位です。人口は1億2500万人、世界中に14カ国しかない人口1億人超の国の1つで、人口の多さでは世界11位です。

何が言いたいのかというと、**日本のような巨大な経済を大きく動かすことは、そう簡単ではない**ということです。先ほどの「8つの要因」も、その観点から検証しなければなりません。

先に挙げた諸説の不十分な点を1つひとつ丁寧に説明すると長くなるので、ここではポイントだけ簡潔に説明します。詳細についてお知りになりたい人は、私が東洋経済オンラインで連載している記事をご参照ください。

「評論家」の仮説はここが間違い

（1）「消費税の引き上げ」犯人説

まず、消費税の引き上げが日本経済の足かせとなり、景気の低迷を長引かせて、ひいては日本で給料が上がらない原因となっているという説です。この説では、**消費税を引き上げると、経済が低迷して、給料は上がらない**と主張していることが多いようです。

日本の消費税は、導入された1989年に税率3％で始まり、1997年に5％、2014年に8％、2019年に10％まで引き上げられてきました。

1989年以降はバブルの崩壊、また1999年から2005年まではデフレが深刻化し、その間、給料はずっとずっと横ばいなので、一見すると消費税の引き上げと日本経済の停滞は相関しているように見えます。これが「消費税の引き上げ」犯人説の根拠です。

しかし、**相関関係**と**因果関係**は違います。新興評論家たちには、相関関係が因果関係に見えているのかもしれません。あるいは税率の引き上げと経済の低迷がリンクしているというのは、感覚的にも受け入れられやすいので、世間的にウケがいいのかもしれません。

いずれにせよ、こういう**「なんとなく正しそうな話」**こそ、事実かどうかをきちんと検証しなくてはいけません。

世界の国々を見渡すと、**ほとんどの先進国が日本より高い税率の消費税を導入しているにもかかわらず、経済が成長しており、給料も上がっています。**

仮に消費税が経済成長を停滞させて、給料上昇を妨げているのであれば、諸外国の経済は日本より大きく停滞していないと理屈が通りません。

たとえば、私が生まれたイギリスの消費税率は20%です。1973年に初めて導入されたときの税率は10%で、1974年にいったん8%に下がりましたが、1979年には15%になり、1991年に17・5%まで引き上げられました。2008年から2010年までは15%に下げられましたが、2011年に現在の20%になりました。

つまり、イギリスの消費税率はほとんどの期間、いまの日本の消費税率より高かったのです。それでもイギリスでは給料は着実に上昇していますし、経済もずっと成長を続けています。

この例を紹介すると、かならずと言っていいほど「イギリスでは幅広い品目に軽減税率が適用されているので、平均すると日本ほど消費税率は高くない」という反論の声が上がります。

しかし、実際に軽減税率込みの「実質」消費税率を計算すると、イギリスの消費税率は15％だと算出されます。つまり、どう考えても、誰が何を言おうとも、イギリスの消費税率が日本より高いのは揺るぎようのない事実なのです。

たしかに、消費税の引き上げは経済成長にプラスの影響を与えることはなく、通常は**短期的にマイナス要因**となります。このことは間違いありません。

しかし、消費税を10％に引き上げただけで、550兆円規模の日本経済の成長が止まるかというと、そんなことはありえません。「消費税の引き上げ」犯人説はものごとを単純化しすぎた、表面的な俗説にすぎないのです。

もちろん、消費税の引き上げにより低所得者が受けた打撃は大きく、この層を対象とした支援の対策は十分とは言えないかもしれません。しかし仮にそのとおりだとしても、そのことが「消費税こそ日本経済低迷の原因だ」という主張を正当化する材料にはなりません。

「それとこれとは話が別」というやつです。

一方、消費税の引き上げが、国民の中に**「世代間の不公平感」**を生じさせているということはあるかもしれません。これは日本だけで見られる、この国の特徴です。日本以外の多くの国では、もっとも多くの税金を払う生産年齢人口の層は、政府支出の大半の対象となり、負担と見返りのバランスの公平性が担保されています。

しかしいまの日本では、生産年齢の人が支払った税金の大半が、主に高齢者が利益を享受するように振り分けられています。その結果、本来なら受益者となるべき生産年齢人口の層に不公平感が高まってしまっているのではないでしょうか。

うがった見方をすると、いま説明したようなことで**不公平感をため込んだ人たちが、怒りの矛先として消費税の引き上げを日本経済低迷の要因として挙げているだけ**のようにも感じます。

要は消費税が、的外れな八つ当たりのターゲットになっているのです。

すでに説明したとおり、消費税犯人説で日本経済低迷の理由を説明するのは、根拠が薄弱と言わざるをえません。したがって、仮に消費税を廃止しても日本経済は回復しません。

「消費税の引き上げ」犯人説は、根拠薄弱な浅はかな考えそのものだからです。

（2）「デフレ」犯人説

日本で給料が上がらない原因をデフレに求める人もいますが、この説は論外です。デフレとは継続的に大半の商品の価格が下がる状態を指します。経済を破壊する「デフレスパイラル」ともなれば、**失業率の大幅上昇**をともないます。しかし、第二次安倍政権以降は、日本は非常に低いインフレ率ではありますが**物価は上昇しており、デフレではありません**。

さらに**労働参加率が非常に高くなっている**ことを考えると、「デフレ不況だから日本経済が低迷している」という理屈は、デタラメだと断じざるをえません。

また、「日本銀行が立てた2％のインフレ目標に達していないから、日本はデフレだ」という反論を口にする人もいますが、これはお話になりません。言うまでもなく「2％のインフレ率に達していないからデフレだ」という主張は、**経済学の常識から逸脱している完全な暴論**です。

繰り返しますが、デフレとは「継続的に大半の商品の価格が下がる」状態を指します。つまり、物価上昇率がマイナスの状態を指すので、上昇率が0%から2%の間であったとしても、インフレはインフレです。デフレではありません。

「日本はまだデフレ脱却ができていないだろう」ともよく言われます。しかしコロナ禍が始まる前は、そもそも主要国は低インフレの状態が続いていて、2%目標には達していませんでした。つまり、**日本だけが低インフレだったという事実も存在しない**のです（図表8−1）。

（3）「新自由主義の影響」犯人説

日本経済の低迷は「新自由主義の影響である」という説も耳にします。

新自由主義とは、「民間企業に自由に競争させ、市場内での競争メカニズムを利用することで、企業の競争力を鍛え、その力を利用して経済を発展させる」ことを意味します。具体的な方策としては、構造改革と規制緩和によって企業間の競争をうながすのが一般的です。

新自由主義をベースにした政策は、1980年から主に英語圏の国々で導入され、積極

図表8-1　日本が「デフレ」だった期間はごくわずか

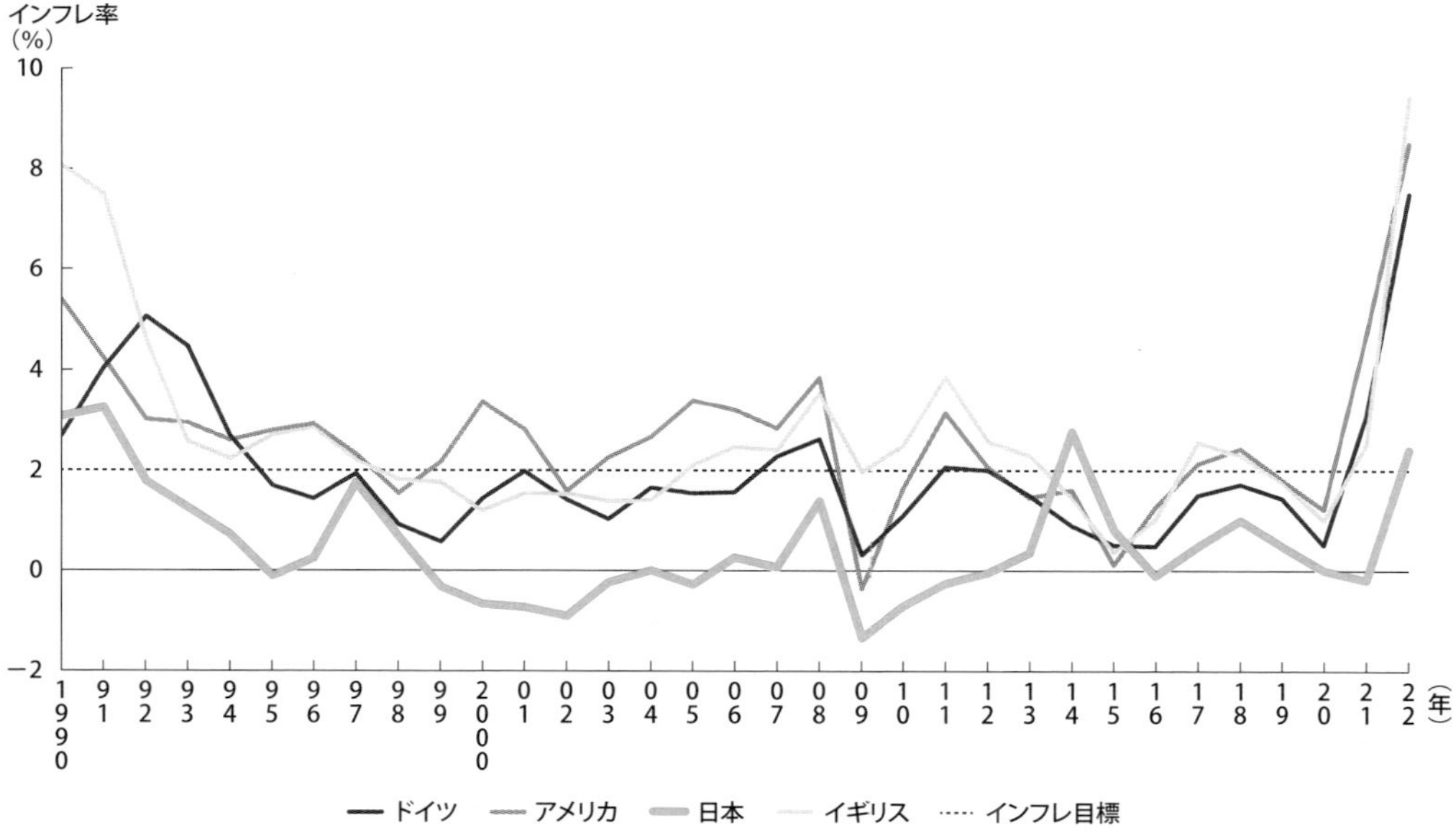

出所：世界銀行データより筆者作成

的に進められてきました。

以前から、「新自由主義には大きな問題がある」と指摘されてきました。その代表が**格差の拡大**です。たしかに新自由主義を標榜してきた国々では、以前より格差が拡大しています。

しかし、**新自由主義を進めてきた国々では、経済が大きく成長している**のも事実です。**給料も日本より大きく上がっています。**

これらを勘案すると、新自由主義が日本経済低迷の原因になっていると考えるのは無理があります。

仮に、新自由主義が日本経済低迷の原因だとしたら、日本より強烈に新自由主義を進めてきた諸外国の経済成長率は日本より低くないと理屈が合いませんが、そんな事実はありません。

私は、日本でいまのまま新自由主義を継続するべきだとは考えていません。なぜなら、日本では新自由主義の本質に関する理解が進んでおらず、**検証が中途半端なまま政策を見切り発車してしまった**ことに問題があると考えているからです。

日本の場合、アメリカの規制緩和政策を深く分析せず、ただそれを真似た中途半端な規制緩和策を部分的に導入してしまったので、経済に悪影響が出てしまったのです。

たとえば**「非正規雇用」の規制緩和**です。日本では一般的に非正規雇用の増加は「社会悪」だと考える風潮が強いようですが、物事はそんなに単純ではありません。

非正規雇用を制度として導入すれば、正社員として労働参加が難しい人、たとえば高齢者、学生、主婦などでも、労働市場に参加しやすくなります。これは明らかにメリットです。

実際、日本でも、第二次安倍政権以降に増加した非正規雇用者は高齢者、学生、主婦が大半を占めていました。

一方、非正規雇用者は雇用側に対する交渉力が弱いので、**給料低下の要因になりやすい**のも事実です。これは海外でも確認されている明らかなデメリットです。

このようなデメリットが生じてしまうのは、労働市場が**「モノプソニー」**と呼ばれる状況になってしまうことに起因しています。モノプソニーとは**雇用する側の力が強くなること**を意味します。わかりやすく言うと、労働市場が買い手（雇用主）に有利な買い手市場になってしまうということです。

雇用側が優位になると、給料が抑えられるのは想像に難くないでしょう。そのほうが、経営者たちの利益が多くなるので当然です。

実は、新自由主義を先んじて進めてきた海外の国々の研究で、**このデメリットを緩和する政策**が明らかになっています。それは**「非正規雇用の規制を緩和する際には、不当に安い給料での雇用を防ぐために、最低賃金を戦略的に引き上げないといけない」**ということです。

そのため、たとえばアメリカでは州別の最低賃金を計画的に引き上げています。他の国々でも最低賃金の戦略的な引き上げが実行され、注目されています。また、その効果も確認されています。

日本では、非正規雇用の解禁と最低賃金の引き上げをセットで実施しなくてはいけないことを理解せず、**非正規雇用だけを規制緩和**してしまいました。その後も最低賃金を適切に引き上げてこなかったため、格差の拡大を招き、社会問題として顕在化してしまったのです。これこそ、海外の制度設計を総合的に分析しなかった証です。

つまり日本で起きた不具合は、新自由主義自体が原因なのではなく、**制度設計に問題が**

あったのです。ですので、責めを負うべきなのは当時の政策実行者であって、新自由主義そのものに非があると考えるのは見当違いなのです。

（4）「グローバリズム」犯人説

グローバル化の進展に日本経済低迷の原因を求めるのも、まったくの的外れです。

たしかに、1990年代に入ってから、製造業を中心に日本企業による対外投資が増えました。このことにより、短期的に国内経済にマイナスの影響が出たのも確かです。

一方、**グローバル化を積極的に進めてきた国々のほとんどは、生産性も給料も上がっています**。消費税同様に、グローバル化が国内経済の成長の足かせになるというのであれば、積極的にグローバル化を進めてきた国々では、なぜ日本と同じような悪影響が発生していないのでしょうか。その説明ができないかぎり、「グローバリズム」犯人説は成り立ちません。

日本企業はとくに1990年代から、対外投資を増やしてきました。しかしオランダやイギリスのように、100年以上も前から対外投資を積極的に行っている国々に比べると、対GDP比で見た対外投資の累積はまだまだ低水準です。

しかも日本の場合、対GDP比で見た輸入と輸出の割合はいずれも小さいうえ、担い手は全企業の1％にも満たない大企業が主体です。つまり、**経済全体に対するグローバル化の進展による影響は非常に軽微**なのです。

以上を勘案すると「グローバリズム」犯人説は、**単なる過剰反応**にすぎないという結論になります。

「グローバリズム」はある意味わかりやすく、マスコミに取り上げられることが多いので、日本経済低迷の原因として「悪者」にされやすいのでしょう。はっきり言うと、**短絡的にしか物事を見られない人の、ただの誤解**です。

（5）「四半期決算の導入」（6）「もの申す株主の影響」（7）「日本型資本主義の崩壊」犯人説

「四半期決算などの導入や、もの申す株主が出現したことで、日本企業が利益至上主義になってしまい、日本型資本主義が破壊された」という、なにやら陰謀めいた説で、日本経済低迷の理由を説明しようとする人も意外とたくさんいて、驚かされます。

「四半期決算の導入」「系列内の持ち合い株の縮小」「もの申す株主の出現」などは、たしかに日本経済が低迷している最中に起きた出来事なので、原因として何らかの悪影響を及ぼしていると感じているのかもしれません。しかし、「そう感じている」ことは、あくまでもその人の主観でしかないので、事実とは異なることが多々あります。

そもそも「四半期決算の導入」「系列内の持ち合い株の縮小」「もの申す株主の出現」などと関係があるのは、**ほとんどが上場企業で、かつ、そのほとんどが大企業**です。

大企業は数の上で日本企業全体の0・3%で、従業員数の31・2%を占めているにすぎません。たしかに影響は皆無ではなかったかもしれませんが、日本経済全体に決定的な影響を及ぼしているとは考えられません。

日本人労働者の7割は非上場の中小企業で働いていて、株主資本主義とは無縁です。

「株主資本主義をステークホルダー資本主義に変えるべきだ」と主張されるのは結構です。しかし、それによって何らかの影響を受けるのは、あくまでも上場している大企業だけです。ほとんどの日本人労働者には影響を及ぼさないのです。

ここまで説明してきた「○○犯人説」は、日本に蔓延している**「合成の誤謬」**の1つです。

「合成の誤謬」とは、一部のことを大袈裟に取り上げて、不適切に一般化する非常に非論理的な考え方です。いわゆる「木を見て森を見ず」というやつです。

こういう主張を繰り返している人には、ぜひ、ご自身の主張を冷静に見直してほしいと思います。

（8）「緊縮財政」犯人説

日本経済の低迷の原因として、「評論家」の間でもっとも数多く挙げられるのが「緊縮財政」です。同時に**「政府が支出を拡大すれば、日本の経済低迷は解決できる」**という説も、いろいろなところから聞こえてきます。便宜上、この主張をしている人々を「積極財政派」と名づけましょう。

この説の根拠は、「経済成長と政府支出の間には強い相関関係があるので、政府が財政を拡大しさえすれば、景気が回復する」というものです。

図表8-2は、各国のGDP成長率と財政支出伸び率を比較したものです。たしかに、経済成長率が高い国ほど政府支出の増加率も高いので、一見すると「緊縮財政」犯人説に

図表8-2　政府支出が伸びるとGDPが成長するように見えるが……

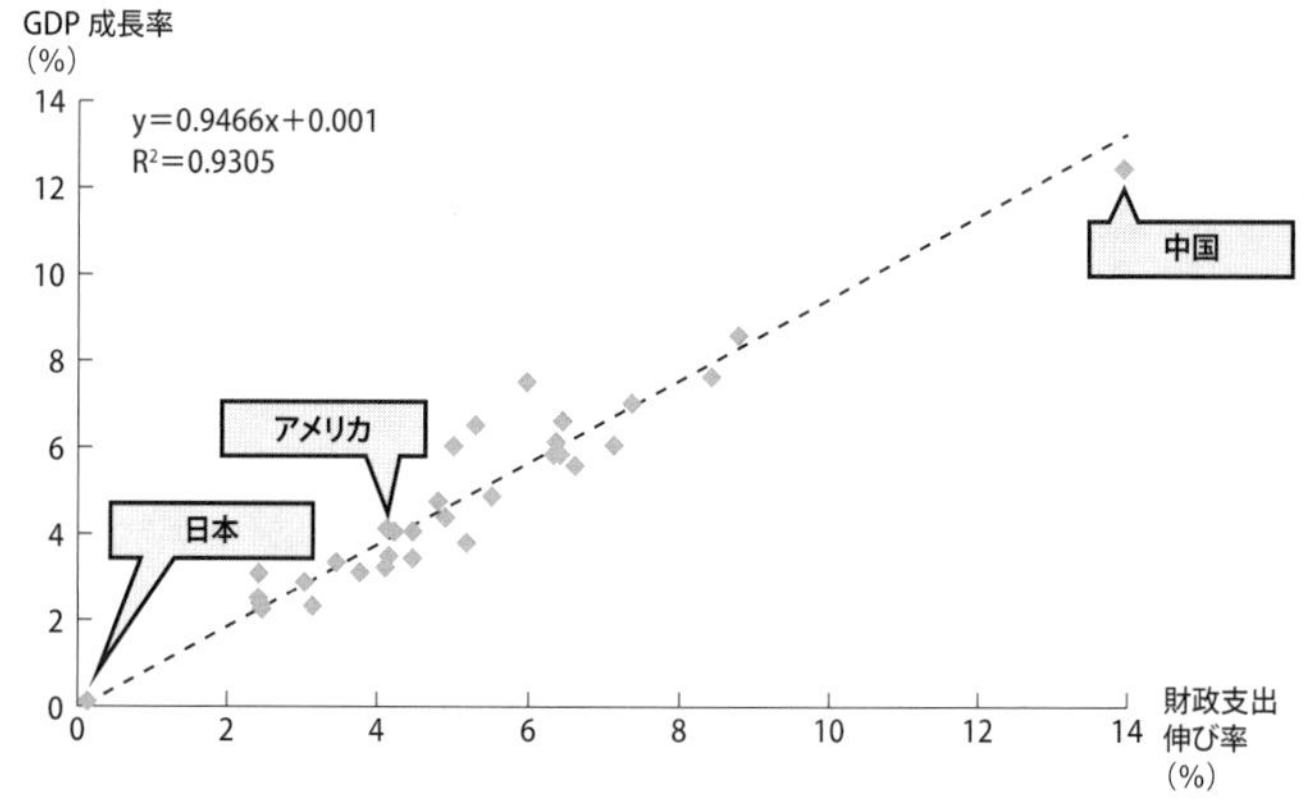

注：GDPと財政支出は各国通貨建ての名目値
財政支出は、GDP統計上の一般政府部門（日本は公的企業含む）の投資と消費の合計
点線は回帰直線の式「GDP成長率＝0.9466×財政支出伸び率＋0.001」を、R^2は同式の決定係数を示している
1997〜2015年の成長率を年換算
出所：内閣府及びOECD統計より島倉原氏作成

は説得力があるように見えます。**「GDP＝消費＋投資＋政府支出＋(輸出－輸入)」**だから、政府支出を増やせばGDPは増える。「ただの足し算だから」と言いたいようです。

さらに積極財政派は先ほどの理屈を裏づけるために、**「三面等価の原則」**を持ってきます。

三面等価の原則とは、都留《つる》重人さんが考案し命名した原則で、**GDPは「生産面」＝「所得面」＝「支出面」のどの面から見ても、同じ値になる**という理論です。この原則を根拠に、政府支出を増やせば自動的に生産も所得も増えると主張されます。

しかし、前ページの図表のとおりに経済が動くのであれば、経済学はいらなくなりますし、政治家が経済政策を深く考える必要もなくなります。なぜならば、翌年の政府支出の額を決めることで、自由に経済成長率を決めることが可能となるからです。

大切なのは、この図表に示されているのはただの**「相関関係」**であって、**「因果関係」**ではないということです。

この図表からは**「政府支出を増やすと経済が成長する」**という仮説の他に、**「経済が成長すると政府支出が増える」**という仮説も成立します。

もちろん、現実の経済はここまで単純ではありません。まず、この相関のグラフには大きな問題点があります。

このグラフは、1997年と2015年のGDPと政府支出を並べて、その間の平均成長率を計算しています。簡単に言うと「その間、GDPが倍になって、政府支出も倍になった」という単純比較にすぎないのです。

図表8-3　アメリカの政府支出とGDPには相関関係が見られない

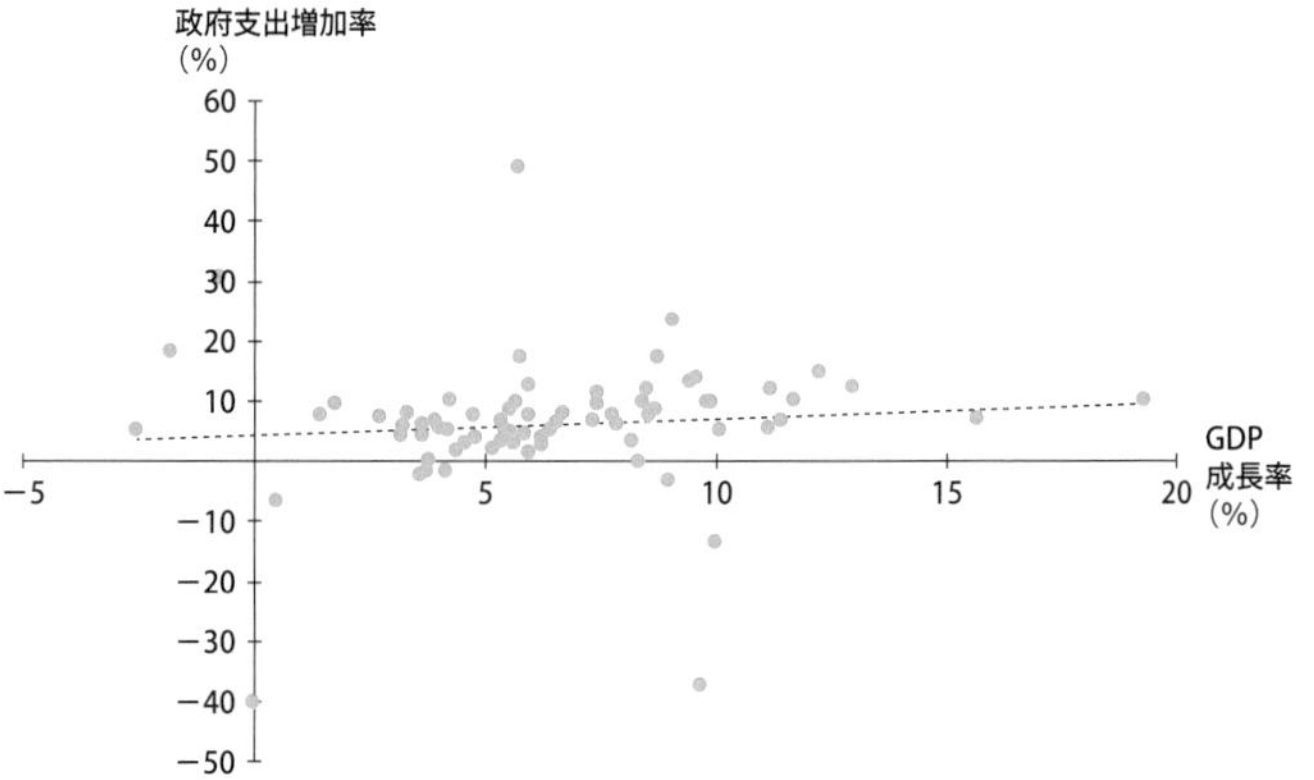

注：1946〜2021年データをプロットしている
出所：アメリカ政府データより筆者作成

政府支出を増やせば経済が成長するという話が事実ならば、1997年と2015年だけの比較ではなく、毎年の政府支出の増加率と毎年の経済成長率に相関関係がなくては筋が通りません。しかし、**先進国ではそんな事実はありません**（図表8-3）。

事実、1990年以降、日本では国の借金がずっと増えているのに、経済は成長していません。国の借金というのは、いままでの財政赤字の蓄積です。図表8-4にありますように、日本政府は1990年以降、猛烈な勢いで赤字を積み上げてきましたが、GDPはそれほど増えていません。

図表8-4　従来の積極財政出動は経済成長につながっていない

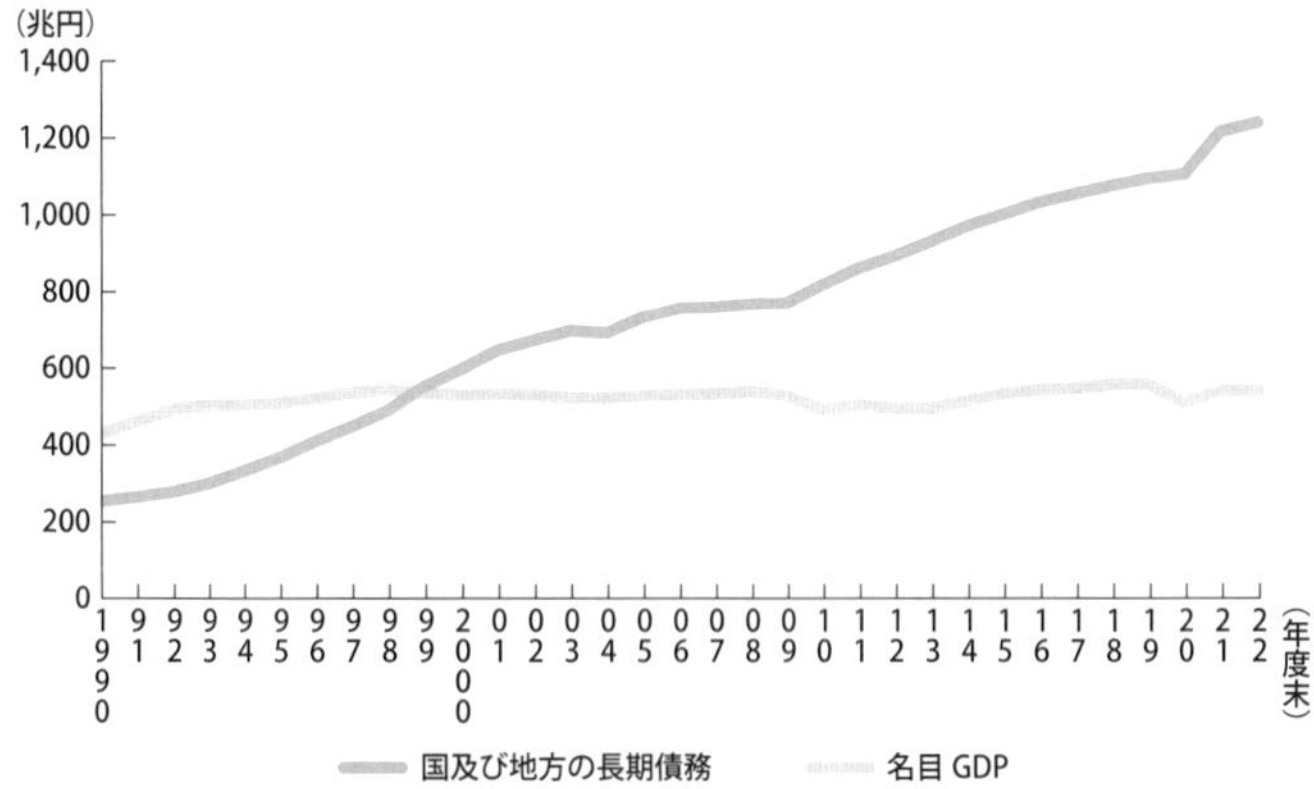

出所：財務省主計局データより筆者作成

1990年代に入ってから、政府が積極財政に舵を切ったにもかかわらず、経済は成長しませんでした。それは**企業が給料を引き上げなかっただけでなく、設備投資も減らして内部留保金を増やしたから**です。

つまり1990年代以降に**政府が拡大した政府支出は、企業の内部留保によって大部分が吸収されてしまった**のです。

財政の拡大は、不況のときほど経済に大きなプラスの効果をもたらします。

政府支出を増やしたとき、GDPがその何倍増えるかを表す数字を**「乗数」**と言います。たとえば政府が1兆円を支出して、GDPが1・5兆円増えれば、乗数は1・5倍と計算されます。

そして、過去の統計から、**不況期ほど乗数が高くなる**ことがわかっています。図表8-5はアメリカの乗数を示したもので、年により上下していることがわかります。

グレーの部分は不況期で、失業率が高まっている時期を示しています。ご覧のように、**乗数は失業率が高ければ高いほど大きくなります**。理由は、失業率が高いときに政府支出を増やすと、雇用が増え、それにともなって個人消費が増えるからだとされています。

大量の失業者が出た20世紀前半の大不況時に生まれたケインズ経済学は、まさにこの理論を唱えています。政府支出を使って、完全雇用を実現する理論です。

しかし、日本は人口が減少していることもあり、**失業率はすでに異常に低い水準**になっています。

また、**日本の労働参加率も史上最高の水準**に達しています。図表8-6に示したように、この水準は主要先進国の中でも最高クラスです。

生産年齢人口が減り続けているのに、雇用者は増えているので、当然こうなります。逆に言うと、日本は人口が減っているのに労働参加率が伸びているので、なんとか経済が回っているとも言えます。

つまり、このような状況にある日本では、**財政を拡大しても効果は限定的**だと考えられ

図表8-5　**不況期ほど財政出動の効果が大きくなる**

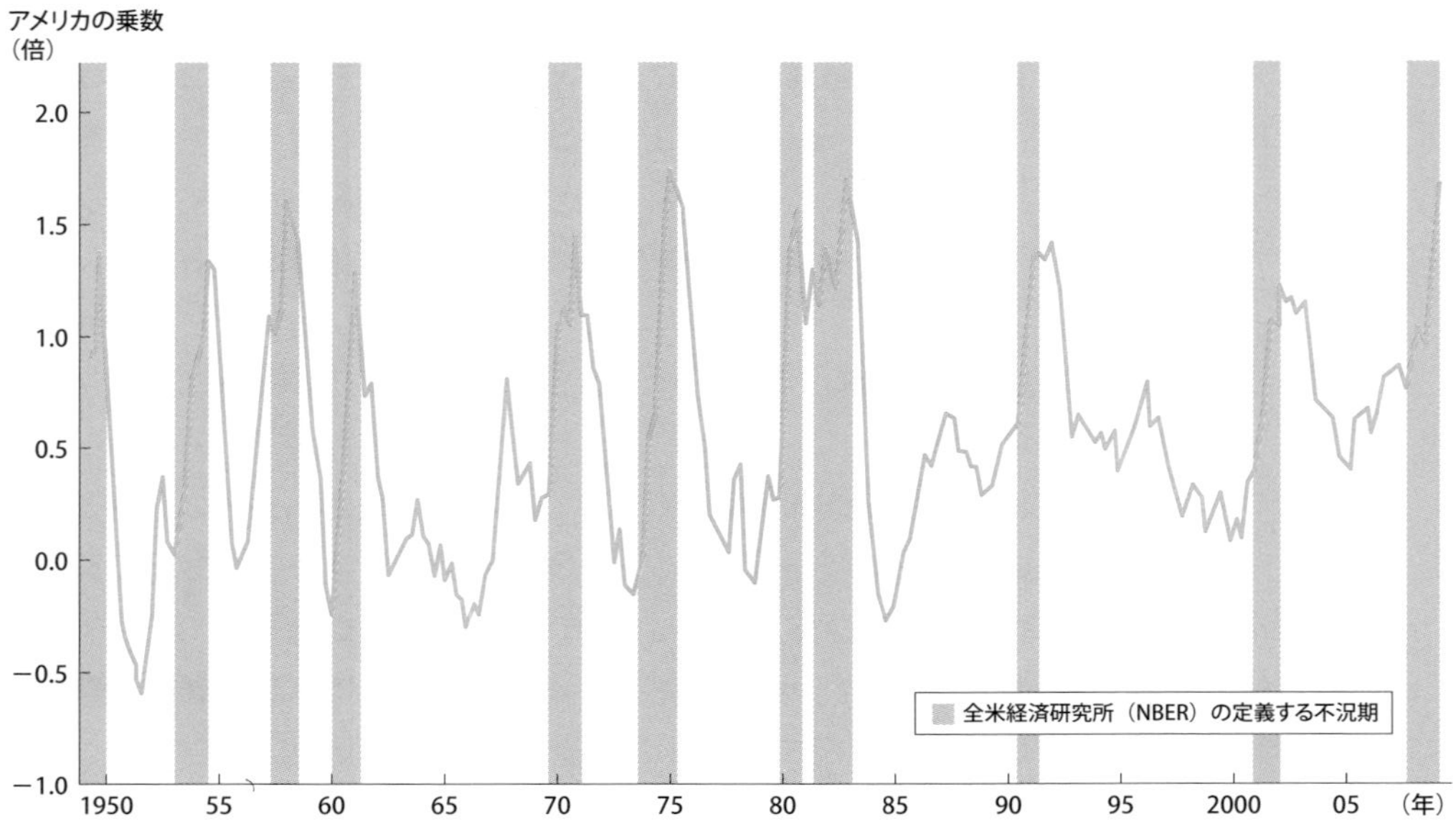

出所：A. Auerbach and Y. Gorodnichenko, *American Economic Journal: Economic Policy*, 2012より筆者作成

図表8-6　日本の労働参加率は世界6位の高さ

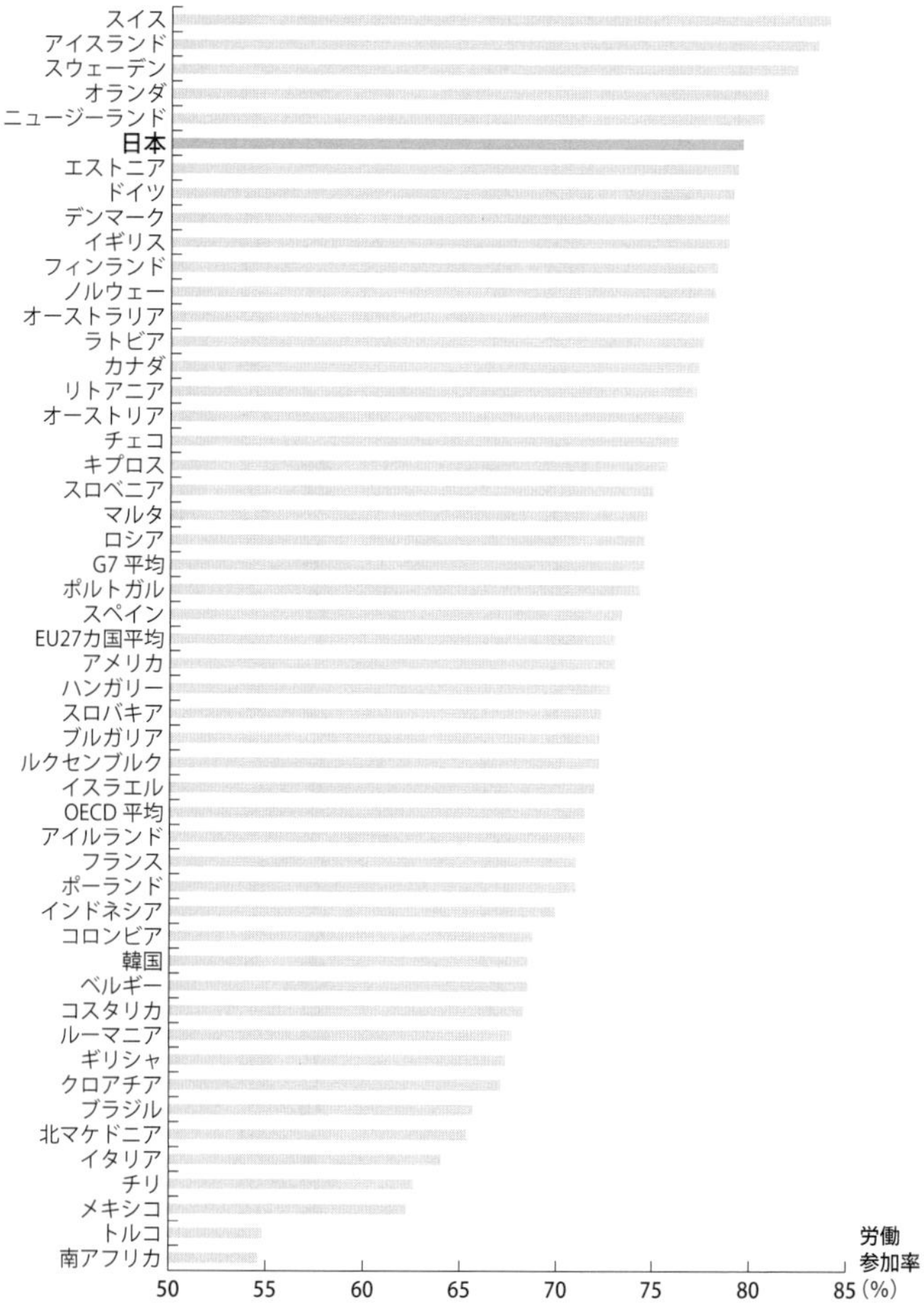

出所：OECDデータより筆者作成

るのです。

さて、財政拡大の効果はおおよそ2年くらいでピークアウトし、その後は徐々に失われると言われています。持続性はないのです。

そのため、政府の財政拡大には失業率が高まっているときなど、有事に景気サイクルを調整する効果はあるのですが、**経済を大きく発展させることはそもそも期待できない**のです。これはケインズ経済学でも指摘されているとおりです。

他にも、「日本では緊縮財政が続いているので、需要が不足しデフレになって経済が成長しない。この問題を解消するには財政を拡大するべきだ」という意見も耳にします。

政府の経済政策に問題があるとすれば、支出の質、つまりは**「何のためにお金を使ったか」**に課題を見出すことができます。

国の支出は**「移転的政府支出」**と**「生産的政府支出」**に分けられます。移転的政府支出というのは、大雑把に言うと社会保障関連の支出です。一方の生産的政府支出は、経済の成長性を高めるための投資で、教育、基礎研究、インフラ投資などはこちらに分類されます。

図表8−7にありますように、日本ではたしかに、高齢化にともなう移転的政府支出が増えました。その間、税収が増えなかったため、**経済成長のために使われるべきだった生産的政府支出が抑え込まれてしまった**ように見えます。

この件は長年盲点になっており、変更なく放置されてきました。菅政権でようやく「政府支出の目的を変更すべきである」という声が受け入れられ、経済成長のために必要な政策には投資を行うように方針転換がされました。

MMTという幻想

数年前から、新しい経済の理論として**「MMT（Modern Monetary Theory＝現代貨幣理論）」**が注目を集め始めました。

旧来の財政論では、「政府支出は税収と国債発行を財源とし、債務残高のGDPに対する比率を基準にコントロールすることで、経済の健全さを担保するのが正しい」とされてきました。同時に、GDPに対する政府の国債発行額が100%を超えることは危険であ

図表8-7　社会保障ばかりが増え、将来への投資が増やせていない

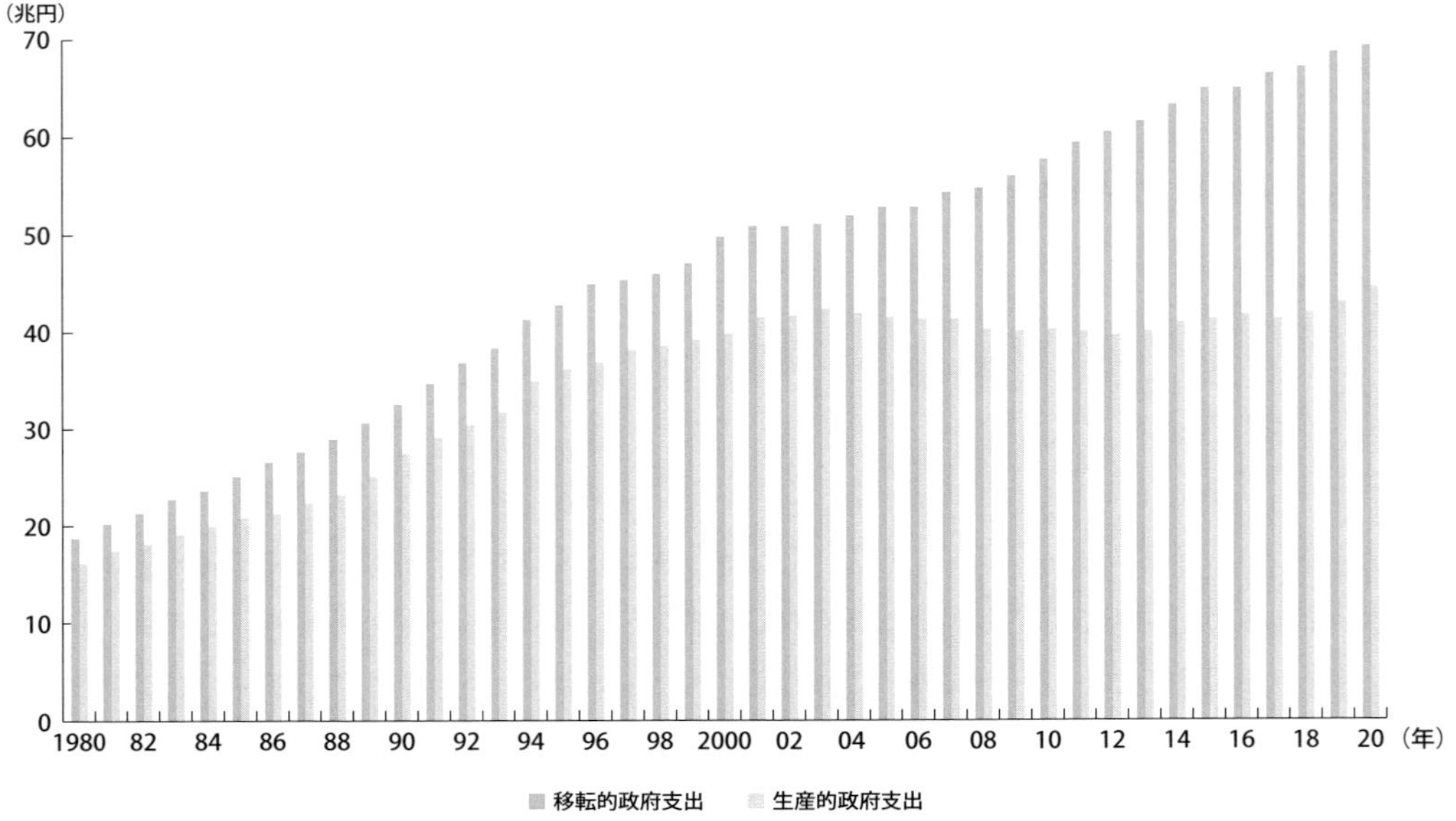

注：1994年以降は新基準
出所：内閣府データより筆者作成

るとされてきました。

一方、MMTでは、日本のように自国通貨の発行を行っている先進国の場合、**国債や税収の制限を受けず、国債をいくら増やしても財政が破綻することはない**とされます。つまり、政府は財政の状況にかかわらず、いくらでも新札を刷って市場に需要を増やせると言っているのです。その制約は人材などの資源のみとされています。

日本国内の「評論家」にはこれを曲解して、この新理論と三面等価の原則を組み合わせて、

「いくらでも政府支出が増やせる」

「政府支出を増やした分だけ、GDPはかならず伸びる」

という非現実的なバラ色妄想論を唱える人が現れました。

MMTが論じられるようになった背景には、アメリカの事情があります。

アメリカでは「労働参加率が著しく低く、民間企業が活用していない資源が多く存在している状態は、資源のムダ遣いに他ならず、かつ経済成長を制約する結果につながっている」という考えがありました。

MMTでは「資源がフルに活用されていないのに、対GDPの比率で国の借金を制限す

ることが経済成長の阻害要因になっているのであれば、制約を取っ払って通貨供給を行えばいい」と論じられています。

つまりは、**完全雇用が実現されるまで通貨供給量を増やしても、適切な投資を行い経済が成長すれば将来的に税収が増えるので、一時的に財政が悪化しても、事後的には財政が改善する**とされているのです。

たしかに、首尾よく経済が成長すればこの理論の唱えるとおりの結果になるので、一応理にはかなっています。しかし、この理論を実現させるためには、政府が賢く、かつ適切な投資を行うという絶対的な条件が必要です。つまり、**生産的政府支出と組み合わせなければならない**のです。

さらに、**国内に活用されていない資源がたくさんあることが大前提**になっています。アメリカは人口が増え続けているので、この前提が満たされていますが、日本はアメリカとは状況が異なります。とくに**失業者が少ない日本でMMTが唱えているような結果になるかは未知数、というか、はなはだ疑問**なのです。

日本のように国の債務残高がGDPの2倍を超えている大借金国にとって、「無制限に通貨供給量を増やしてもいい」と唱えるMMTは福音のように聞こえるでしょう。すがりたい誘惑にかられるのは、気持ちとしてはわかります。

しかし、この理論に沿った財政政策を展開して、実体経済に計算外のことが起こると、想像を絶する大惨事になりかねません。ですから、軽々に手を出すのはあまりにも危険だと言わざるをえません。何より、政府支出はいくら使ってもいいと言うだけで、**その政府支出が経済を成長させる根拠を示せていない**のが、最大の問題です。

経済政策にウルトラCを求めるのは、まともな国のやるべきことではないのです。

うがった見方をすると、積極財政派の人たちは、私がこの本で訴えているのと真逆の考え方を持っていると言えます。

彼らは他人（政府）を日本経済低迷の犯人として扱うのと同時に、政府さえ動けば個人は何もしなくても経済が改善するという理屈を展開しています。

「人口減少も関係なく、個人も自ら行動を変える必要はない。政府が支出を増やしさえすれば、日本経済は成長し日本の労働者は豊かになる」と言っているのです。

つまりは、**完全に他人任せ、他人頼み**です。しかし、世の中にそんな虫のいい話が存在しないのは、賢明な人なら考える間もなく理解できると思います。

結局のところ、**「長期的な経済成長は、イノベーションとentrepreneurship（アントレプレナーシップ）によってのみ達成される」**という、至極まっとうな結論に帰着します。

このことは動かしようのない真理です。だから私たちは頭を切り替えて、**自社でイノベーションを起こし付加価値を高めることに専心する**しか、将来を切り開く道はないのです。

おわりに

私は１９８３年から日本と日本経済の勉強を始めました。１９９０年からは住まいも日本に移し、以来、33年間暮らしています。

日本経済停滞の問題に関しては、２０１４年に1冊目の本を発表したのを手始めに、年1冊以上のペースで出版を続けてきました。本書は13冊目です。

第二次安倍政権、そしてその後の菅政権の間、私は主に政府の観光戦略に関わってきました。その間、日本の観光戦略は大きな成果を上げ、とくに訪日外国人観光客数はコロナ禍が本格化する直前の２０１９年には、３１８８万人と過去最高を記録しました。

このように、日本の観光業は大きく発展しました。しかし、**同時期の日本の生産性はほとんど伸長しませんでした**。

第二次安倍政権以降は、政府も日本の給料水準を上げようと、最低賃金を毎年３％ずつ引き上げていますが、**一般の人が受け取る平均給料はほとんど上がっていません。**

政府の政策立案に関わってきたことによって、ある1つの重要な事実に気がつきました。

それは、**日本では政府にできることが非常にかぎられていて、海外の国々に比べて強制力が非常に弱い**ことです。

日本には約360万社もの企業があるので、政府の力をすみずみまで及ぼすことが非常に難しいのが現実です。このことは、過去30年間、まったくと言っていいほど給料が上がらなかったことを見れば明らかです。

政府に期待できない以上、**みなさん1人ひとりがご自分の生活を守るために、自分で給料を上げるよう自助努力をするしかない**のです。人口が減少し、高齢者を支えるための負担が増える今後の日本では、それ以外に豊かになる方法はありません。

口を開けて待っている余裕は、みなさんにはないのです。

常に転職サイトに目をやり、自分の価値を確認する。経営者と給料交渉をする。経営者と経営戦略を評価する。給料が上がらないならば、すぐに転職をする。

いま、そしてこれからは、そういう時代なのです。

あなたの尽力は、もちろんご自身のためにもなります。でもそれだけではありません。**回り回って、あなたの家族の、仲間の、そして日本人全員のためにもなる**のです。力を合わせて、給料が上がらない暗黒の30年に終止符を打ちましょう。

デービッド・アトキンソン

2023年3月

【著者紹介】
デービッド・アトキンソン
小西美術工藝社社長
1965年イギリス生まれ。日本在住33年。オックスフォード大学「日本学」専攻。裏千家茶名「宗真」拝受。
1992年ゴールドマン・サックス入社。金融調査室長として日本の不良債権の実態を暴くレポートを発表し、注目を集める。2006年に共同出資者となるが、マネーゲームを達観するに至り2007年に退社。2009年創立300年余りの国宝・重要文化財の補修を手掛ける小西美術工藝社に入社、2011年同社会長兼社長に就任。2017年から日本政府観光局特別顧問、2020年から政府の「成長戦略会議」委員などを歴任。
『日本人の勝算』『デービッド・アトキンソン 新・観光立国論』(山本七平賞、不動産協会賞受賞)『新・生産性立国論』(いずれも東洋経済新報社)など著書多数。2016年に『財界』「経営者賞」、2017年に「日英協会賞」受賞。

給料の上げ方
日本人みんなで豊かになる

2023年4月20日　第1刷発行
2023年4月24日　第2刷発行

著　者――デービッド・アトキンソン
発行者――田北浩章
発行所――東洋経済新報社
〒103-8345　東京都中央区日本橋本石町 1-2-1
電話＝東洋経済コールセンター　03(6386)1040
https://toyokeizai.net/

装　丁…………橋爪朋世
D T P…………アイランドコレクション
印　刷…………港北メディアサービス
製　本…………積信堂
編集協力………小関敦之
編集担当………桑原哲也

ISBN 978-4-492-55809-6